Streaming Speech

Listening and Pronunciation for Advanced Learners of English

STUDENT'S BOOK

Richard Cauldwell

speechinaction

Requires access to the electronic version
on CD-ROM, in a Computer Cluster, or on the Web

speechinaction
in touch with real speech

To Estella, Dominic, Richard, and Matthew

Published by

speechinaction

10 Victoria Rd, Harborne, Birmingham B17 0AH, United Kingdom

ISBN 0-9543447-1-5 Student's Book
ISBN 0-9543447-0 -7 CD-ROM
ISBN 0-9543447-2-3 Teacher's Book

Illustrations and screenshots by Mike Beilby of CBLProjects Ltd.
Book design and text composition by Niall Allsop
Printed in the United Kingdom by Page Bros, Norwich

Typeset in Frutiger, Courier and SILManuscript

speechinaction
in touch with real speech

Credits and Acknowledgments

Thanks to the contributors: Corony, Gail, Maggie, Philip, Geoff, Bob, Rachel and Terry.
Big thanks also to Mike Beilby of CBLProjects Ltd., and Niall Allsop.

Particular thanks to the late David Brazil (1925-1995).

John Fry, Dave Coniam, Jiang Hai-sheng, Jane Hadcock, Hartwig Thomas, Lawrence Schourup,
Margaret Allan, Liz Samson, Professor Haruhide Mori, Richard & Cecilia Stibbard, Judy Gilbert,
Jean & John McGovern, Almut Koester, Peter & Betty Cauldwell, Dorota & Andrzej Pacek,
Margaret & Peter Falvey, Professor Hisao Kakehi, Tony Dudley-Evans, Neide Cesar Cruz,
Jennifer Jenkins, Yoshiko Asano, Mike Nicholls, Tim Johns, Tony Wass, John Langran,
Hanako Hosaka, Martin Hewings, Chieko Yamamoto,
Japanese Secondary School Teachers 1990-2003, The University of Birmingham.

Clipart from nvTech (New Vision Technologies Inc.), Task Force Image Gallery Version, and
ArtToday.com clipart and photo library. Pen image © 1999-2003 www.barrysclipart.com

Contents

Contents

Symbols

Short vowels		Consonants: plosives			
ɪ	thing	p	paid	b	about
e	very	t	attention	d	don't
æ	that	k	couldn't	g	give
ʌ	up			ʔ	bottle
ɒ	obviously				
ʊ	putting				

Long vowels   **Consonants: fricatives**

iː	seems	f	for	v	avoid
ɜː	turn	θ	think	ð	this
ɑː	parties	s	sense	z	used
ɔː	ballroom	ʃ	should	ʒ	usually
uː	moved	h	had	tʃ	which
				dʒ	change

Diphthongs   **Consonants: nasals & laterals**

ɪə	really	m	moved	l	london
eə	various	n	nine	r	rest
ʊə	tour	ŋ	thing	j	yes
eɪ	away			w	work
aɪ	wild				
ɔɪ	enjoy				
əʊ	go				
aʊ	now				

Reduced vowels

ə	attention
i	parties

Notation

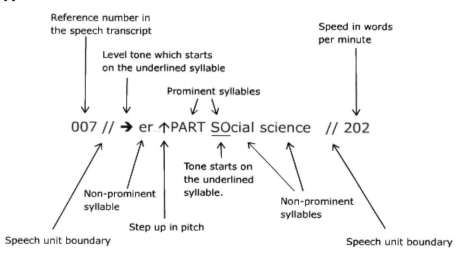

Reference number in the speech transcript

Level tone which starts on the underlined syllable

Prominent syllables

Speed in words per minute

007 // ➜ er ↑PART SOcial science // 202

Non-prominent syllable

Tone starts on the underlined syllable.

Non-prominent syllables

Speech unit boundary

Step up in pitch

Speech unit boundary

To the Student

This student's book is a study aid ...

This student's book is a study aid for learners using the electronic publication *Streaming Speech: Listening and Pronunciation for Advanced Learners of English*. You can use this book both as an aid to self-study, and in the classroom, but you need access to the electronic version to hear the recordings. The electronic version is available as a CD-ROM for individual users, and by web subscription for institutions. Schools and universities have it in computer clusters. You can also try a sample chapter on the internet, by following the links at www.speechinaction.com

Who is this book for?

This book is for adult learners of English who want to achieve the highest levels in listening and speaking: people studying for high level English exams, people studying to become teachers of English.

The approach of Streaming Speech

Streaming Speech uses recordings of spontaneous speech to teach you how native speakers really speak. For listening, the focus is on the fastest, meaningful parts of the recordings. The aim is to make you comfortable with the variety of speeds, voice styles, rhythms, and intonation of native speakers of English. For pronunciation, the aim is to improve both accuracy and fluency by getting you to:

- imitate natural spontaneous speech from the original recordings;
- record yourself;
- compare your recordings with those of the native speaker. *Streaming Speech* features speakers from Britain and Ireland.

How is this book organised?

This book follows the organisation of the electronic version. There are ten chapters, preceded by an Introduction, and followed by an Answer Key. There is also an Appendix with the scripts of the recordings. There is a detailed description of how to use *Streaming Speech* on pages 5 -9 of the Introduction, but here is a brief description.

Chapters 1-8 contain the Listening and Pronunciation course, and they should be worked through in sequence. Each of these chapters has six sections: Sections 1 and 2 (Listening and Focus) deal with Listening; Section 3 (Discourse Features) teaches you the patterns and features of spontaneous speech; Sections 4 and 5 deal with Pronunciation; Section 6 is a review section. Chapter 9 is a pronunciation workshop, where you can choose a voice that you like, and work with that voice on all the vowels and consonants of English. Chapter 10 is for teachers – it consists of training to recognise and write down the patterns of spontaneous speech.

The mouse symbol means that you need to click on screen to see the printed text.

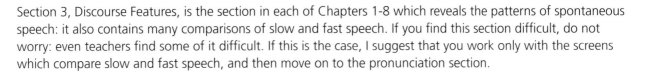

The teacher symbol means that it is better to work through the section with the guidance of a teacher.

Section 3, Discourse Features, is the section in each of Chapters 1-8 which reveals the patterns of spontaneous speech: it also contains many comparisons of slow and fast speech. If you find this section difficult, do not worry: even teachers find some of it difficult. If this is the case, I suggest that you work only with the screens which compare slow and fast speech, and then move on to the pronunciation section.

To the student *continued*

If your priority is listening and pronunciation ...

If your priority is listening and pronunciation, then work through Chapters 1-8, sections 1-2, and 4-5, and omit section 3. If you want to know about the structures and patterns of everyday spontaneous speech, then it is worth studying section 3.

Differences between the book and the electronic version ...

There are five main differences between the book and the electronic version:

* the electronic version has screen-sized pages (small), this book has book-sized pages (large). Usually, one book-page contains two or three screen-pages - for example, the first book-page in Chapters 1-8 contains the **Welcome**, **Goals**, and **1 Listening** screen-pages. The same headings (e.g. **Welcome**) are used on both screen-pages and book-pages - so it is easy to know where you are in both the book, and on screen

* you can write your answers in the book, wherever you see a pen symbol

* in the book the answers are given in the Answer Key; in the electronic publication, they are given on the next screen

* there are a few extra exercises in this book, which are not on screen: the answers to these extra exercises are in the Answer Key but not on screen

* some of the answers need further explanation – in this book these extra explanations are also given in the Answer Key where appropriate; in the electronic publication they are given on the next screen.

To the teacher

To use this book ...

To use this book, you and your students need access to the electronic version of *Streaming Speech*, either on CD-ROM, or on the Web. The book is a study aid for students. It is for them to use in class as you teach them, or for them to use as a self-study aid.

The best way to use *Streaming Speech* ...

The best way to use *Streaming Speech*, is to start by working through the Introduction, and Chapter 1 in the classroom, and then to get students to work through the remaining chapters in self-study mode. The classroom is the best place to familiarise students with the materials, but self-study is the best mode in which to do the individual work necessary to improve listening and pronunciation. It is important to check regularly on each student's progress either in the classroom or in tutorials.

Preparing to teach *Streaming Speech* ...

Most teacher training courses do not include information about spontaneous speech. In order to teach *Streaming Speech* effectively you may find it necessary to learn a bit about spontaneous speech before you start. I therefore recommend that you work through the Introduction, then sections 3 of Chapters 1-8, and perhaps Chapter 10. A teacher's book is in preparation. For information on availability, go to the speechinaction webpages – www.speechinaction.com

Map

The eight speakers come from different parts of the United Kingdom and Ireland. The places they come from are shown on the map below.

INTRODUCTION

Welcome

Welcome to *Streaming Speech: Listening and Pronunciation for Advanced Learners of English*. My name is Richard Cauldwell, and I invite you to work with me and my friends on improving your listening and pronunciation.

1 What is Streaming Speech?

Streaming Speech is an electronic publication for teaching and learning advanced pronunciation and listening. It uses authentic fast spontaneous speech of native speakers of English – all friends or colleagues of mine – to teach listening and pronunciation in a revolutionary way.

My friends – four women, and four men – are from different parts of the British Isles, but all are associated with The University of Birmingham in the British West Midlands. You will hear them speaking about themselves, their studies, and their work. In the case of Geoff (Chapter 4) you will hear him at work, as he lectures on English Grammar. Look at the map on page x to see where the speakers were born.

Corony was born in Kingston upon Thames but spent much of her childhood in Cornwall.

Gail was born in Solihull, close to Birmingham.

Maggie was born in Liverpool.

Rachel was born in Newcastle upon Tyne, but spent much of her childhood in London.

Philip was born in Bristol, and spent his first eighteen years there.

Geoff was born in Birmingham.

Bob was born in London.

Terry was born in Dublin.

Hover over the pictures to see infomation, and hear the speakers.

When you hover over the pictures, you will hear the speakers say the sentences below. Write the names of the speakers next to the sentences they speak. The first one is done for you.

A	And that was the way to do well on the course	Rachel
B	He can turn his hand to anything	_____
C	I was already by that stage running a snackbar three nights a week	_____
D	I was I was more interested in knowing about the language	_____
E	I was very idealistic I guess in those days	_____
F	It's very hard to sell bananas in Brazil because they grow like weeds	_____
G	It's well it's more of a manual for writing in fact	_____
H	We really enjoy picking sloes	_____

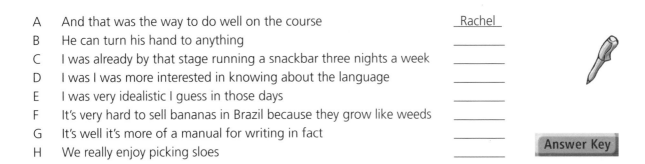

Answer Key

1

2 Who is Streaming Speech for?

Streaming Speech is for intermediate and advanced learners of English who are:

- training to become (or who are already) teachers of English
- preparing for study in an English speaking country
- preparing for high level speaking and listening exams

Streaming Speech is also for anyone who wants to

- match native speaker accuracy, speed, and fluency in pronunciation
- cope with fast speech in listening

Tick ✔ the boxes which apply to you

3 How will Streaming Speech help?

If you have problems handling fast speech in listening and problems in communicating fluently, *Streaming Speech* will help you. You will learn to bridge the gap between slow and fast speech. *Streaming Speech* will present you with extracts of fast speech to do two things:

- first, train your ears to hear and understand;
- second, train your voice to speak at speed with accuracy and fluency

You will use expert speakers (my friends) as your model: you will imitate them as accurately as you can, at the same time and at the same speed as their original speech. You will learn to handle fast speech, so you can understand it when you hear it, and speak it when you need to.

Tick ✔ the boxes which apply to you

4 What is revolutionary about Streaming Speech?

Streaming Speech is revolutionary because:

- it uses authentic fast spontaneous speech to model the pronunciation of vowels and consonants (Chapters 1-8)
- it gives you a choice of speaker on which to model your own pronunciation (Chapter 9)
- it has a discourse features syllabus for both listening and pronunciation (Section 3 of Chapters 1-8, & Chapter 10)
- it teaches you the choices and strategies of expert native speakers (throughout)
- it focuses simultaneously on accuracy and fluency (throughout)
- it helps you deal with the fastest stretches of speech, making you a better listener
- it uses web-based software to animate the relationship between text and sound to illustrate the choices and strategies that speakers use
- it uses interactive software to monitor and score your performance on activities
- it enables you to match the performance of expert speakers of English
- there is careful attention to the differences between slow and fast speech

Tick ✔ the features which you like

5 What is fast spontaneous speech?

Spontaneous speech is unscripted, unprepared speech. All of the recordings are of spontaneous speech, with the exception of short extracts which have been re-recorded for purposes of demonstrating the choices that speakers have made.

" ... speech at
    speeds over
        three hundred
           words per minute
                gets special attention ... "

Click on the speaker icon to hear these words spoken at three hundred words per minute. Can you match this speed?

One definition of fast speech is '220 words per minute or faster'. Another definition could be: 'any speed at which familiar words, or groups of words, become unrecognisable to the listener'. In *Streaming Speech*, fast speech will be any speech between 220 and 500 words per minute.

Streaming Speech deals with speech of a wide range of speeds. Speech faster than 300 words per minute gets special attention, with the fastest stretch being 490 words per minute. Below is a short extract from Chapter 2 which I speak at different speeds.

Click here for another example ...
Click on the loudspeakers to hear the words at different speeds.

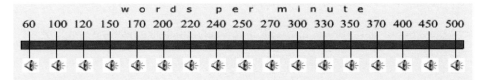

w o r d s   p e r   m i n u t e

60 100 120 150 170 200 220 240 250 270 300 330 350 370 400 450 500

Underline the speed at which you are comfortable speaking.
Circle the speed at which you are comfortable hearing.

6 Fast speech is normal

Fast speech is normal, even though it may be rare in textbook recordings. It occurs every time expert speakers speak, even when the average speed of speech is low. Sections of fast speech often come at the most important moments of the speaker's message. For example, Corony (in Chapter 1) speaks at an average speed of 175 words per minute – which is relatively slow. But her recording includes speech at 373 words per minute – fast.

... which was called 'The Arts Umbrella'   (173 words per minute) *Click on the speaker icons to*
                                                    hear Corony at close to average
But I sold a lot of things   (373 words per minute)  *speed, and at her fastest.*

The speed of speech changes all the time – the examples above are of different 'speech units' spoken at different speeds.

7 Speech units? What are they?

A speech unit is a stretch of speech, usually larger than a word, which has its own rhythm, tone, and other features which make it streamlike.

Speech units have sound-shapes of their own which change the sound-shapes of the words that occur within them. Although speech units consist of words, the words are run together in ways which often pull them out of shape –the sound-shape of these words is changed so that they differ greatly from the dictionary form.

Streaming Speech teaches you what effects speech-units have on words. For example, the following words occur in a speech unit in Chapter 1:

drama and that kind of thing *Click on the speaker icon to hear the dictionary form of words.*

In writing we can see five words with spaces in between them, and we can look these words up in a dictionary. But in a speech unit there are no gaps between words, the speaker streams them together, and the individual words can have unfamiliar sound-shapes.

019 // drama and that kind of thing // *Click on the speaker icon to hear the streamed form.*

 About the notation ...

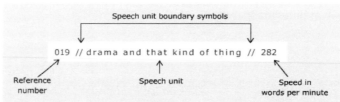

For those of you who know the work of David Brazil, a speech unit is very much like his tone unit, but is not exactly the same.

8 Streamed speech is normal

It is important to realise that these 'out of shape' ('streamed') forms of words <u>are normal for speech</u>. The isolated (brick-like) forms that we learn in the dictionary, and in vocabulary lists, are <u>unusual forms in speech</u>. In everyday communication, we do not normally hear words spoken clearly and in isolation, we normally hear groups of words occurring together in speech units.

Click on the speaker icon to hear these words ...   *... then write the 'words' that you see on screen.*

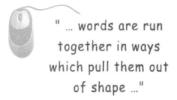

" ... words are run together in ways which pull them out of shape ..."

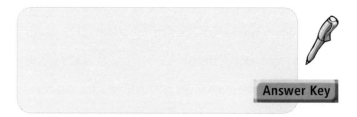

The Discourse Features section (Section 3) of each of Chapters 1-8, (summarised in Chapter 10) will introduce you to the important features of speech units.

9 How does Streaming Speech teach listening?

Streaming Speech teaches you to listen by using a standard three stage procedure. First you get information about the speaker and the topic; second, you get an activity to do while listening; and third, you focus on those parts of the recording that contain the answers for the activities. You will do this in the first two sections of each chapter.

The focus will be on the fastest meaningful sections of the recording, or sections which illustrate important features of the stream of speech. For example, if the speaker talks fastest when speaking about money, then the questions will focus on money. To help you focus on these stretches of speech, you will see an extract in speech-units: you will be able to click on any line of the extract and hear it.

049 // he doesn't	// 140	
050 // do it erm	// 180	
051 // for the money he's going to make	// 325	*From Gail, in Chapter 2*

Try it!

In addition, in the third section of each chapter (named 'Discourse Features') you are taught about a feature of the stream of speech (such as loss of, and merging of sounds; rhythm, level or falling tones) and then you have to identify the same features in another extract of speech. This section involves ear-training to make you comfortable with the features of fast speech.

10 How does Streaming Speech teach pronunciation?

Streaming Speech teaches pronunciation by getting you to observe what expert speakers do, and to imitate what they do:

- the way they produce clear speech sounds at speed
- the way they stream the words together
- the way they vary stress, volume, and speed

Tick ✓ the boxes of the things you would like to do

Streaming Speech contains two pronunciation syllabuses: first, a discourse syllabus of speaker choices and strategies; second, the traditional syllabus of segments – speech sounds such as vowels, consonants, etc.

Discourse Features

Section 3 of each chapter, 'Discourse Features' acts as a link between the listening and pronunciation work. It guides you in noticing, observing and imitating a feature of the stream of speech, and prepares you for work on pronunciation.

10 How does Streaming Speech teach pronunciation? *continued*

How it does this ...

Streaming Speech's use of unscripted recordings reveals the choices and strategies that my friends (all expert speakers) use to communicate effectively in real time. You will learn from them how to:

- vary the pace and rhythms of speech in order to keep the listener's interest
- pause in ways that are acceptable to listeners
- change your mind about what you are saying without irritating listeners
- differentiate between the dictionary forms and fast speech forms of words
- use appropriate grammar
- learn how to organise your speech into speech-units
- learn to tolerate overlapping speech
- use intonation in questions
- use intonation in lists

Speech segments

In the fourth section of each chapter you will practise the pronunciation of vowels and consonants: you will work on accuracy and fluency at the same time. Often students pronounce isolated words accurately ('ship' & 'sheep'), but they cannot transfer this accuracy to their everyday speaking: they might make mistakes by saying 'I saw the **ship** on the farm' or 'I travelled by **sheep**'.

What often happens in this case ...

Click on the the ship and the sheep to hear 'ideal' pronunciations.

What do you hear when you click on the speaker icons?

Answer Key

11 Accuracy and fluency

Streaming Speech teaches you how to carry accurate pronunciation into fluent speech. In each chapter, you will work with one of my friends on a small group of speech segments. In Chapter 1 we work with Corony on short vowels, Chapter 2 we work with Gail on long vowels, etc. You can see the details of each chapter in the contents list.

In Section 4 of each chapter you do three things: first, you learn about the symbols for each of the segments; second, you are asked to identify these segments in words taken from the recordings; third, you are asked to imitate a stretch of speech in which the speech sounds occur.

For example, you are asked in Chapter 1 to imitate two speech units spoken by Corony for the sound /ɒ/. When you click on these lines you hear a speech unit from the original recording spoken at the speed, indicated in words per minute, in the column on the right.

ɒ	021. and I got very in**VOLVED** in those	194
	055. it was **OB**viously very **PO**pular	266

You then click on a microphone symbol, and record your own version of the speech unit. You can then compare your version of the speech unit with Corony's. Your task is to match the speed and accuracy of Corony's speech.

About the notation ...

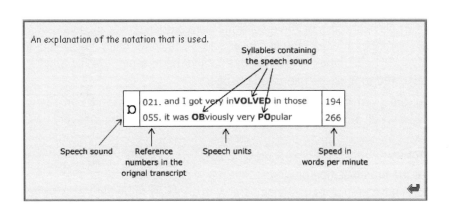

An explanation of the notation that is used.

Syllables containing the speech sound

ɒ	021. and I got very in**VOLVED** in those	194
	055. it was **OB**viously very **PO**pular	266

Speech sound   Reference numbers in the orignal transcript   Speech units   Speed in words per minute

12 Where has Streaming Speech come from?

Streaming Speech is the result of ten years of research and analysis at The University of Birmingham in the 1990s.

The approach to the analysis of everyday speech developed there by David Brazil, and known as 'Discourse Intonation' has become very influential in English Language Teaching. *Streaming Speech* is influenced by his ideas and theories.

David Brazil

The following ideas have been most influential:
- speakers aim to communicate effectively and efficiently, not to produce correct sentences
- speakers have to plan, create, and utter speech in real time
- speakers can choose where to place prominences, which tones to use
- context is all important in explaining the choices that speakers make

13 Spontaneous speech v. written language

In *Streaming Speech* I attempt throughout to value spontaneous speech on its own terms. I try hard not to apply the standards of the written language to it.

Written language is normally carefully edited before the reader sees it. Spontaneous speech is planned, uttered, and edited in front of the listener. When written down, it appears messy when compared to edited writing: if we were to edit it for written publication we would have to take out pauses ('erm') repetitions, hesitations, slips and restarts.

In *Streaming Speech* I take the stance that many of these features (pauses, repetitions, etc) are important aids to both the speaker and hearer in creating and understanding speech, and represent the operation of skills that are worth learning.

For example, pauses are often thought of as hesitations and as such are thought to be 'bad'. Of course excessive pausing, or pausing of only one type, does make life difficult for the listener. But pausing between words (silence, or 'erm') and pausing on words (using level tone) buys planning time for the speaker and allows comprehension time for the listener. Using the full repertoire of pausing techniques is therefore a skill worth learning.

14 The recordings

The recordings are of spontaneous speech – though some additional recording has been done to illustrate how isolated, or slow versions of the originals might sound. The recordings were gathered over the five years 1994-1999 by recording my friends and colleagues at work, and in conversation. They have been recorded digitally, and edited using computer technology. The multimedia technology enabled me to attend closely to what happens in fast spontaneous speech, and to measure the speed of speech.

Full transcriptions of the recordings are given in two forms – in ordinary writing and in speech unit transcription. These transcripts are available at the click of a mouse on the left hand margin of every page.

Transcriptions symbols and notation

Symbols are also used to represent the pronunciation of words: thus the word 'money' can be seen represented by the symbols /mʌni/. I have used a set of symbols that you are likely to be familiar with from using a dictionary. If you are not familiar with these symbols, do not worry, there are exercises at the beginning of section 4 of Chapters 1-6.

There is also a key listing these symbols. In this book, it is on page vi

 See the appendix ...

There is also some simple notation to learn for the speech units, and this notation is introduced as it is needed in Chapters 1-8. In this book, it is summarised on page vi

 See the appendix ...

15 Structure of Streaming Speech – Chapters 1-8

Chapters 1-8 have a standard structure which opens with two pages: the Welcome Page and the Goals page. These pages give information about the speaker, and the purpose of each chapter. After these pages, there are six sections:

1 **Listening**. Two or three comprehension questions which will focus your attention on those features of the recording relevant to the chapter.

2 **Focus**. You will review your answers and the evidence from the recording that led you to those answers.

3 **Discourse Features**. You will be guided in noticing, observing, and then imitating the natural features of fast spontaneous speech.

4 **Segments**. You will work on pronouncing accurately and fluently the vowels, diphthongs, consonants, and consonant clusters of English.

5 **Streaming Speech**. You will practise what you have learned in the preceding two sections by imitating a short section of the original recording.

6 **Review**. You will be presented with a summary of the chapter, and your scores on the activities contained in the chapter.

16 Structure of Streaming Speech – Chapters 9-10

Chapters 9 and 10 do not follow the pattern of the preceding eight chapters. Chapter 9 gives you the opportunity to choose from one of the speakers from the first six units on whom to model your pronunciation of the segments of English. Thus, if you like Corony's voice and style of speaking, you can use her as a model; on the other hand, if you like Gail's voice and style of speaking, you can use her as a model. In addition to these two, you can choose from Maggie, Philip, Geoff and Bob.

Chapter 10 gives a summary of the Discourse Features syllabus – using material additional to that used in each of the first eight chapters. There will be a review of what speech units are, how many sizes of speech unit there are, and what different shapes they can take.

Throughout, there will be a language focus with brief explanations of vocabulary (particularly on colloquial and inventive uses of language) and grammar.

17 Finally ...

As I was creating *Streaming Speech* I had a strong enjoyable sense of working with the friends and colleagues who made the recordings.

I hope you have as much fun working with them to improve your listening and pronunciation.

Good luck with these materials. Enjoy them. They are challenging, both in terms of level of difficulty, and in terms of the new things there are to learn about speech. But I know you will relish the challenge, as many of my students have.

CHAPTER ONE

Jobs at University

Welcome

Welcome to Chapter 1 of *Streaming Speech*. In this chapter we will be working with Corony, who was born in Kingston-upon-Thames, grew up in Cornwall, and is now a university lecturer.

Goals

The goals of this chapter are to improve your ability:

- to pronounce the six short vowels
- to merge words together – streaming speech – into speech units by dropping sounds such as /d/ and /t/
- to handle speeds up to 330 words per minute

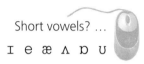

Short vowels? …

ɪ e æ ʌ ɒ ʊ

Speech units? …

Speech units are the units which speakers use to package and present their messages. You can view a transcription, in speech units, of the recording in each chapter by clicking on the Transcripts/Speech Units button in the bottom-left margin of the screen. You will be taught how to recognise and produce speech units in section 3 of Chapters 1-6.

1 Listening

You will hear Corony speaking about the jobs that she had while at, and shortly after leaving, university. Look at the questions below, then listen to the recording to get the answers.

Show exercise …

1 What evening classes did Corony set up with her boyfriend?
    A *Pottery*   C *Dancing*
    B *Woodwork*   D *Drama*

> **Vocabulary**
> In Britain, a 'snack bar' means a place that you can buy something small to eat such as a sandwich

2 Corony ran a snack bar, and made a profit doing so.
    A *True*   B *False*

Don't turn over. Think carefully about the answers. Below, write down the words which led you to your answers.

write your notes here

How does this help?   Writing words now, before you see them, will help you recognise and understand words when listening in everyday life.

2.1 Evening classes

Corony taught *Pottery, Woodwork,* and *Drama*. Write your score here

Click ... Click the speaker icon to hear these speech units.
Click each line to hear it on its own.

These numbers
refer to the
Speech Units
transcript.

```
014 // and we set up                    // 233
015 // a whole lot of evening classes    // 258
016 // in                                // 153
017 // pottery and                       // 181
018 // woodwork and                      // 127
019 // drama and that kind of thing      // 281
020 // erm                               // 047
021 // and i got very involved in those  // 194
```

These numbers
give the speed
in words per
minute.

Compare the words above with the words you wrote at the bottom of the previous page. Circle the words you did not hear clearly, and listen to them again.

Explain notation ...

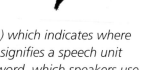

The extract is set out as follows: each line begins with a speech unit number (eg. 014) which indicates where in the interview it is located. Each line contains one speech unit. The double slash '//' signifies a speech unit boundary. A speech unit is a section of the stream of speech, normally larger than a word, which speakers use to package what they say. Speech units are explained at greater length in 'Introduction: To the User', and in Chapters 1-6, & 10.

2.2 Was the snack bar profitable?

The answer is A *True*. Tick this box if you got the right answer.

```
032 // i was already by that stage    // 197
033 // running                        // 060
034 // a snackbar                     // 139
035 // three nights a week            // 230
036 // which                          // 069
037 // made quite a bit of money      // 330
```

Compare the words above with the words you wrote at the bottom of the previous page. Circle the words you did not hear clearly, and listen to them again.

Click on each line, and notice the different speeds. Say line 037 at the same time and same speed as Corony. Which words do you find easy? Which words do you find difficult?

Easy	Difficult

3.1 Notice the missing and linked sounds

Say the words of 019 slowly and carefully; click on the first speaker icon to hear a slow paused version.

```
019 // drama and that kind of thing          //
```

Listen to how Corony says this speech unit (Click on the second speaker icon). Pay attention to the sounds at the ends of the words 'drama', 'and', & 'that'.

Click on the words in both the slow version, and Corony's version. You will hear the difference between the fast and the slow forms.

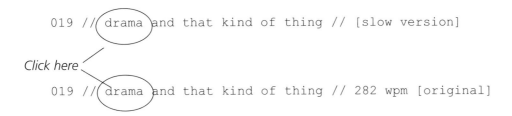

```
019 //(drama )and that kind of thing // [slow version]
```

Click here

```
019 //(drama )and that kind of thing // 282 wpm [original]
```

3.2 Notice the missing and linked sounds

Click on the speaker icon, and on the words in green to notice what happens between the words.

drama and	– there is a slight suggestion of an **r** between the two words
and that	– the **d** and the end of **and** does not occur
that kind	– the **t** at the end of **that** does not occur
kind of	– the two words are run together
of thing	– the **f** is extremely difficult to hear

Corony's speech flows in such a way that there are no gaps between the words: and because the words are streamed together, sounds which would be there in the paused pronunciation disappear or change. This illustrates the fact that people speak in streamed, flowing units (we call them speech units) which, most often, are larger than a single word.

Click on the speaker icon, and try to repeat 019 at the same time and speed as Corony. What do you find easy, what do you find difficult?

Easy   Difficult

3.3 Observe and imitate – Exercise 2

Listen to the slow versions of the three speech units below, and speak them slowly and clearly.

Now listen to the same words as Corony said them. Cross out the letters for the sounds (one in each speech unit) which are most noticeably absent.

```
037 // made quite a bit of money // 330
051 // i didn't make an awful lot of money // 330
052 // in the first couple of years // 274
```

Hint
Listen for the sounds **d** and **t** at the end of words

3.4 Answer to Exercise 2   ➜   Answer Key

What score did you get? Write it here. ☐

4.1 Listen to short vowels

Click on the words in the first column of the table and note the symbol – in the top row – that represents the letters in **bold**.

	ɪ	e	æ	ʌ	ɒ	ʊ
thing	✓					
very		✓				
that			✓			
up				✓		
obviously					✓	
putting						✓

4.2 Identify short vowels – Exercise 3

Listen to the words in column 1 (click on them on screen). Decide what symbol (in the top row) represents the sound of the letters in **bold** – and tick the appropriate cell. The first one has been done for you.

	ɪ	e	æ	ʌ	ɒ	ʊ
in**vo**lved					✓	
cushions						
living						
m**o**ney						
p**o**pular						
r**a**n						
t**e**xtile						

4.3 Answer to Exercise 3   ➜   Answer Key

What score did you get? Write it here. ☐

4.4 Pronunciation at speed

Look at the speech units in the table. The first column gives the symbol for the short vowel. The second column gives the speech unit which contains a syllable (in bold) which contains the short vowel.

Listen to each speech unit, and repeat it at the same time and speed as Corony. When you are ready, click on the microphone icon and record your version of each unit.

ɪ	019. DRAma and that kind of **THING**	282
	023. because i was still **LI**ving with	313
e	002. i was **VE**ry in**VOLVED**	164
	040. my OWN business as a **TEX**tile artist	227
æ	008. which i **RAN**	180
	032. i was al**REA**dy by **THAT** stage	197
ʌ	033. **RUN**ning	60
	037. MADE quite a bit of **MO**ney	330
ɒ	021. and I got very in**VOLVED** in those	194
	055. it was **OB**viously very **PO**pular	266
ʊ	063. **CU**shions and T**A**blecloths	143
	094. and AC**tually** **PU**tting the things	233

If you find it difficult to match Corony's speed, click on the blue 'Help ...' and follow this four stage procedure.

1   **Pause**. Say each word clearly with a pause after each word:
                  'made quite a bit of money'
2   **Stream**. Speak a little faster, make words flow into each other, reduce 'of':
                  'mayquitabitevmoney'
3   **Loud and soft**. Speak faster; say the prominent syllables louder, and
          the non-prominent syllables softer:
                  'MAYquitabitevMOney'
4   **Match**. Speed up until you match Corony.

Self-assessment I

I have pronounced ...	Yes	No	Try Again
... the short vowels accurately			
... the short vowels on time			
... the speech units at original speed			

5.1 Short vowels – Exercise 4

Write the symbols for the short vowels in the boxes below the syllables in which they occur.

032 // i was alREAdy by THAT stage //   197
☐ ☐

033 // RUnning //   60
☐

034 // a SNACKbar //   139
☐

035 // THREE nights a WEEK //   230
☐ ☐

036 // WHICH //   69
☐

037 // MADE quite a bit of MOney //   330
☐ ☐

ɪ

e

æ

æ

ʌ

ʌ

5.2 Answer to Exercise 4   →   Answer Key

What score did you get? Write it here. ☐

5.3 Short vowels in speech: listen and imitate

Practise saying these speech units, first slowly, then speeding up until you can say them as fast as Corony – but take care not to say them faster. Vary your speed in the same way that she does. Make sure that you get the prominent syllables (indicated in CAPITAL LETTERS) in the right place.

```
032 // i was alREAdy by THAT stage  // 197
033 // RUnning                      // 060
034 // a SNACKbar                   // 139
035 // THREE nights a WEEK          // 230
036 // WHICH                        // 069
037 // MADE quite a bit of MOney    // 330
```

How does this help?   Imitating this extract will make you more comfortable with the variability of spontaneous speech, both in listening and in speaking.

Self-assessment II

I have pronounced ...	Yes	No	Try Again
... the short vowels accurately			
... the short vowels on time			
... the prominences clearly			
... the non-prominences softly			
... the speech units at original speed			

6 Review

There were four on-screen
exercises in this chapter.
Write your scores in the table.

Exercise 1.	
Exercise 2.	
Exercise 3.	
Exercise 4.	

Look again at the goals of this chapter, and assess your progress.

to pronounce six short vowels ɪ e æ ʌ ɒ ʊ			
	Yes I have done this	I need to come back to this	
to merge words together – streaming speech – into speech units by dropping sounds such as /d/ and /t/ (Section 3)			
	Yes I have done this	I need to come back to this	
to handle speeds up to 330 words per minute (Sections 2,3,4)			
	Yes I have done this	I need to come back to this	

write your notes here

My greatest success in this chapter was:

write your notes here

The most difficult part of the chapter was:

CHAPTER TWO

On the move again

Welcome

Welcome to Chapter 2 of *Streaming Speech*. In this chapter we will be working with Gail, a university administrator, who was born in Solihull, near Birmingham. She talks about a member of her family who lives in Auckland, New Zealand.

Goals

The goals of this chapter are to improve your ability:

- to pronounce the five long vowels
- to speak in a distinct rhythm using prominences
- to speak <u>without</u> a distinct rhythm using prominences, non-prominences, and pauses
- to handle speeds up to 360 words per minute

Long vowels? ...

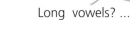

iː ɜː ɑː ɔː uː

Distinct rhythm? ...

```
ba BAM ba ba BAM ba ba BAM ba ba BAM
 o | O   o  o | O   o  o | O   o  o | O
he THINKS he's a WONderful SON of a   GUN
```

Distinct rhythm is the rhythm speech has when it sounds like a line of verse with strong regular beats

These syllables are prominent.

```
037 //  MADE quite a bit of MOney //
```

Prominences? ...

Prominences are the syllables that are longer and louder than other syllables.

1 Listening

Gail talks about a visit she made to New Zealand to members of her family. In particular, she talks of an elderly, but active uncle, who enjoys 'doing up' houses. Look at the questions below, and select the right answer as you listen.

Show exercise ...

1 Gail's uncle 'does up' houses to make money.
    A *True*   B *False*
2 What is Gail's uncle planning to do?
    A *Sell wine*   B *Move house*

Vocabulary
If you 'do up' a house it means you repair it and decorate it to make it more attractive to live in.

Don't turn over until you have thought carefully about the answers. Below, write down the words you heard which led you to your answers.

write your notes here

How does this help?   Writing words now, before you see them, will help you recognise and understand words when listening in everyday life.

2.1 Doing up houses for money

The answer is B *False*. Tick this box if you got the right answer. ☐

Gail's uncle does not do up houses for money. Although he does make a small profit, his motive is something other than money.

<table>
<tr><td rowspan="8">These numbers refer to the Speech Units transcript.</td><td>046 // so he yes</td><td>// 240</td><td rowspan="8">These numbers give the speed in words per minute.</td></tr>
<tr><td>047 // he certainly</td><td>// 184</td></tr>
<tr><td>048 // makes a small profit</td><td>// 282</td></tr>
<tr><td>049 // he doesn't</td><td>// 140</td></tr>
<tr><td>050 // do it erm</td><td>// 180</td></tr>
<tr><td>051 // for the money he's going to make</td><td>// 325</td></tr>
<tr><td>052 // but he doesn't lose</td><td>// 310</td></tr>
<tr><td>053 // when he sells his house</td><td>// 300</td></tr>
</table>

Compare the words above with the words you wrote at the bottom of the previous page. Circle the words you did not hear clearly, and listen to them again.

The word 'doesn't' occurs twice – in 049 and 052 – what sound is missing from 'doesn't' in speech unit 052?

write your notes here

Answer Key

2.2 What is he considering doing?

The answer is B *Move house*. Tick this box if you got the right answer. ☐

```
55 // he's currently thinking of moving again   // 226
56 // he's eighty two                           // 189
```

The reason Gail's uncle is moving can be found in speech units 57-73 (see transcript).**Click on each line**, and notice the distinct rhythm. Say the lines at the same time and same speed as Gail. Which words do you find easy? Which words do you find difficult?

Easy   Difficult

3.1 Notice the rhythms of English

Say the words of 055 slowly to yourself, then listen and repeat at the same time as Gail.

```
055 // he's CUrrently THINking of MOving aGAIN // 226
```

You will notice a distinct rhythm: there are four rhythmic beats (prominences) in one speech unit. The prominent syllables are marked with capital letters.

Speech units like this lead many people to believe that English rhythm is 'stress-timed': that stresses occur at equal intervals of time. In fact, if you spoke stress-timed speech units all of the time you would bore your listeners.

```
055 // he's | CUrrently | THINking of | MOving a | GAIN //
        o  |  O o  o   |  O   o   o  |  O o  o  |  O
```

3.2 Notice the rhythms – choices & coincidences

Gail could have chosen other words to communicate the same meaning. She could have chosen the words in the next extract, where the rhythm is different.

```
055e // he's | NOW | THINking of //
     //  o   |  O  |  O    o  o //
055f // up|ROOting himself once | MORE //
     //o |  O o    o      o     o |  O  //
```

Speech units 055e & 055f show that distinct rhythms are usually a result of coincidence - speakers choose words which coincidentally result in a pattern which gives a distinct rhythm.

3.3 Notice the rhythms – idioms

Here is another speech unit with a distinct rhythm:

```
037 // he can | TURN his | HAND to | ANything //
     //  o   o |  O   o  |  O   o  |  O o o   //
```

This is an idiomatic phrase (meaning 'he's good at everything'), and such phrases are often spoken with a distinct rhythm. But Gail could have communicated the same meaning as in the next extract, where 'hand' is not prominent:

```
037 // he can | TURN his hand to | ANything //
     //  o   o |  O   o   o    o  |  O o o   //
```

Or, she could have communicated the same meaning with different words without a distinct rhythm:

```
037 // he's a | JACK of all | TRADES //
     //  o   o |  O   o  o  |  O     //
037 // he's | VEry | VErsatile //
     //  o   |  O o |  O o  o  //
```

21

3.4 Observe and imitate – Exercise 2

Speakers avoid too many distinct rhythms in order to make their speech more interesting, and easier to follow. Varying speed (as we saw with Corony in Chapter 1) is one way of avoiding a distinct rhythm. The next extract shows that placing prominences where you most want to highlight meaning, and pausing slightly, also helps avoiding being over-rhythmical

Listen to these units. Circle the prominent syllables, and put X where you hear a pause.

```
46 // so he yes //                            240
47 // he CERtainly // X                       184
48 // makes a small profit //                 282
49 // he doesn't //                           140
50 // do it erm //                            180
51 // for the money he's going to make //     325
52 // but he doesn't lose //                  310
53 // when he sells his house //              300
```

3.5 Answer to Exercise 2 ➜

 Answer Key

4.1 Listen to long vowels

Click on the words in the first column of the table and note the symbol – in the top row – that represents the letters in **bold**.

	iː	ɜː	ɑː	ɔː	uː
seems	✓				
turn		✓			
parties			✓		
ballroom				✓	
moved					✓

4.2 Identify long vowels – Exercise 3

Listen to the words in column 1 of the table (click on them on screen). Decide what symbol (in the top row) represents the sound of the letters in **bold** – and tick the appropriate cell.

	iː	ɜː	ɑː	ɔː	uː
Auckland					
certainly					
im**proves**					
large					
she					

4.3 Answer to Exercise 3 ➜

 Answer Key

What score did you get? Write it here. ⬚

4.4 Pronunciation at speed

Look at the speech units listed in the table, and start saying them slowly and then speed up. Listen to each speech unit in turn, repeat it at the same time and speed as Gail. Click on the microphone to record your version of the unit.

iː	011. he **SEEMS** to move HOUSE	159
	068. and when **SHE** moves OUT	239
ɜː	037. he can **TURN** his HAND to ANything	209
	047. he **CER**tainly	184
ɑː	079. so they had LOVEly **PAR**ties in this BALLroom	193
	089. they have **LARGE** CEllars in new zealand	255
ɔː	018. he TOOK me on a TRIP round **AUCK**land	237
	078. with a ↑**BALL**room underneath	181
uː	034. im**PROVES** the decoRAtion	158
	063. **MOVED** in to LIVE with them	360

The target sound (shown in the first column) is contained in the syllables in bold CAPITAL letters – prominent syllables.

If you find it difficult to match Gail's speed, click on the blue 'Help ...' and follow this four stage procedure.

1 **Pause.** Say each word clearly with a pause after each word:
      'moved in to live with them'
2 **Stream.** Speak a little faster, make words flow into each other, reduce the vowels in 'to' and 'them':
      'movdintelivwithum'
3 **Loud and soft.** Speak faster; say the prominent syllables louder, and the non-prominent syllables softer:
      'MOvdinteLIVEwithum'

Self-assessment I

I have pronounced ...	Yes	No	Try Again
... the long vowels accurately			
... the long vowels on time			
... the prominences clearly			
... the non-prominences softly			
... the speech units at original speed			

5.1 Long vowels – Exercise 4

Write the symbols for the long vowels in the boxes below the syllables in which they occur.

028 // D i Y //   180
    [iː]

031 // ADDS a PORCH //   180
    [ ] [ ]   ɜː

034 // imPROVES the decoRAtion //   158
    [ ]   [ ]   ɑː

036 // and MOVES on to another HOUSE //   180
    [ ]   ɔː

037 // he can TURN his HAND to ANything //   209
    [ ] [ ] [ ]   uː

089 // they have LARGE CEllars in new zealand //   255
    [ ] [ ]   uː

Vocabulary
DIY is short for 'Do it yourself' and refers to the activity of 'doing up' your home yourself, rather than employing someone else to do it.

5.2 Answer to Exercise 4   →   Answer Key

What score did you get? Write it here.   [ ]

5.3 Long vowels in speech: Listen and imitate

Practise saying these speech units, first slowly, then speeding up until you can say them as fast as Gail – but take care not to say them faster. Vary your speed in the same way that she does. Make sure the prominent syllables (indicated in CAPITAL LETTERS) are clear and loud, and the other syllables are softer, and less clear.

```
026 // he's VEry GOOD                          // 123
027 // AT                                      // 176
028 // D i Y                                   // 180
029 // so he BUYS a HOUSE                      // 166
030 // AND erm                                 // 199
031 // ADDS a PORCH                            // 180
032 // imPROVES                                // 054
033 // the LIGHting                            // 145
034 // imPROVES the decoRAtion                 // 158
035 // and SELLS it                            // 180
036 // and MOVES on to another HOUSE           // 180
037 // he can TURN his HAND to ANything        // 209
```

Self-assessment II

I have pronounced ...	Yes	No	Try Again
... the long vowels accurately			
... the long vowels on time			
... the prominences clearly			
... the non-prominences softly			
... the speech units at original speed			

6 Review

There were four on-screen exercises in this chapter. Write your scores in the table.

Exercise 1.	
Exercise 2.	
Exercise 3.	
Exercise 4.	

Look again at the goals of this chapter, and assess your progress.

to pronounce five long vowels iː ɜː ɑː ɔː uː			
Yes I have done this		I need to come back to this	
to speak in a distinct rhythm using prominences (Section 3)			
Yes I have done this		I need to come back to this	
to speak <u>without</u> a distinct rhythm using prominences, non-prominences and pauses			
Yes I have done this		I need to come back to this	
to handle speech at speeds up to 360 words per minute			
Yes I have done this		I need to come back to this	

write your notes here

My greatest success in this chapter was:

write your notes here

The most difficult part of the chapter was:

CHAPTER THREE

Picking Fruit in Shropshire

Welcome

Welcome to Chapter 3 of *Streaming Speech*. In this chapter we will be working with Maggie, an educational consultant who advises schools on how to motivate their teachers. Maggie was born in Liverpool.

Goals

The goals of this chapter are to improve your ability:
- to pronounce the eight diphthongs
- to give yourself planning time while speaking
- to use falling and level tones effectively
- to handle speeds up to 430 words per minute

Diphthongs? ...

ɪə eə ʊə eɪ
aɪ ɔɪ əʊ aʊ

1 Listening

You will hear Maggie describing her holidays in Shropshire when, with her mother, she likes to pick wild fruit to make a special drink for Christmas. Look at the questions below, then listen to the recording and choose your answers.

Note
Shropshire is a county in the West Midlands of England, bordering Wales. Its biggest towns are Shrewsbury and Telford.

Show exercise ...

1 Which fruit is the main ingredient of the drink?
    A *Sloe*   B *Damson*

2 Maggie has to buy other ingredients for the drink.
    A *True*   B *False*

3 How does Maggie feel at Christmas?
    A *Cheerful*   B *Virtuous*

Vocabulary
An 'ingredient' is something that is used to make food or drink.

Vocabulary
If someone describes themselves as 'virtuous', they feel pleased with themselves for having done something they ought to have done.

Don't turn over. Think carefully about the answers. Below, write down the words which led you to your answers.

write your notes here

How does this help?   Writing words now, before you see them, will help you recognise and understand words when listening in everyday life.

2.1 Which fruit?

The answer is A *Sloe*. Tick this box if you got the right answer.

```
014 // we REALLY enJOY                          // 082
015 // ERM                                      // 137
016 // PICking SLOES                            // 085
017 // in the COUNtryside                       // 130
018 // NOW                                      // 057
019 // the SLOE is of course of the FRUIT // 365
020 // OF                                       // 241
021 // the BLACKthorn bush                      // 180
022 // AND SHROPshire                           // 098
023 // is FULL                                  // 149
024 // of BLACKthorn bushes                     // 151
```

Compare the words above with the words you wrote at the bottom of the previous page. Circle the words you did not hear clearly, and listen to them again.

Click on line 19, and notice how 'sloe' and 'fruit' are highlighted. Click on lines 21 & 24 and notice how 'bush' and 'bushes' are non-prominent, but clear.

2.2 Other ingredients?

The answer is A *True*. Tick this box if you got the right answer.

```
027 //   and THEN we WILL          // 209
028 //   go and BUY                // 373
029 //   some CHEAP GIN            // 172
030 //   from an OFF licence       // 220
031 //   AND                       // 081
032 //   some SUgar                // 120
```

Compare the words above with the words you wrote at the bottom of the previous page. Circle the words you did not hear clearly, and listen to them again.

Click on lines 027, 028, and 031. Listen to the word 'and' in each of these lines. Say these lines at the same time and speed as Maggie. Which words do you find difficult?

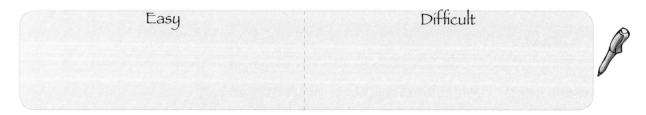

Easy	Difficult

2.3 Cheerful or virtuous?

The answer is B *Virtuous*. Tick this box if you got the right answer.

Note
Maggie switches from the first person 'I' to 'you' in order not to appear too pleased with herself.

```
057 //   AND er                                  // 204
058 //   and THEN you feel                       // 430
059 //   REAlly POsitively VIRtuous              // 139
060 //   at CHRIStmas                            // 213
061 //   when you've got ALL this HOME-made //   200
062 //   SLOE GIN                                // 107
063 //   TO                                      // 169
064 //   GIVE er                                 // 290
065 //   GIVE to all your GUESTS                 // 238
```

Note
In 059, Maggie uses two adverbs – 'really' & 'positively' – to emphasise her feeling of virtuousness. It is very common in spontaneous speech to use more than one word to convey a meaning.

Click on each line, and say each of them. Which words do you find difficult? Which words do you find easy?

Easy	Difficult

3.1 Giving yourself time to decide what to say next

Look at the next extract. Say the words slowly to yourself, and then click, listen and repeat at the same time and speed as Maggie. Notice how she gives herself planning time in speech unit 40 (by spending time on 'will') and in speech units 41 & 42 by repeating the word 'of'.

```
39 //  ↘ SO MUM normally                     // 112
40 //  → WILL                                // 102
41 //  ↘ BOttle around FOUR whole bottles of // 200
42 //  ↗ OF of GIN                           // 180
43 //  ↘↗ and I'LL do LIKEwise              // 132
```

Note
Tones are indicated by arrows. Although the arrow is given at the beginning of the speech unit, the tone doesn't start until the last prominence of the speech unit, which is underlined. Tones continue over the remaining non-prominent syllables. Turn to the next page, and let's see how this works.

3.2 Notice the falling and level tones – I

Speech unit 039 has two prominences and a falling tone. The falling tone starts on 'Mum' and continues over 'normally'.

039 // ◥SO MUM normally //

Speech unit 039 with level tone would sound like 039a

039a // →SO MUM normally //

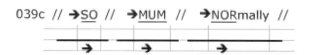

... and in paused speech it would sound either as in 039b (all falling tones) ...

039b // ◥SO // ◥MUM // ◥NORmally //

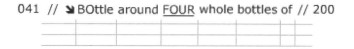

... or as in 039c (all level tones).

039c // →SO // →MUM // →NORmally //

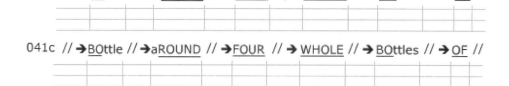

3.3 Notice the falling and level tones – II

Speech unit 041 has two prominences and a falling tone. The falling tone starts on 'four' and continues over 'whole bottles of'. Listen to it, and draw the intonation curves below the speech unit.

041 // ◥BOttle around FOUR whole bottles of // 200

Now do the same for 041a with level tone, and the same for 041b (all falling) and 041c (all levels).

041a // →BOttle around FOUR whole bottles of //

041b // ◥BOttle // ◥aROUND // ◥FOUR // ◥ WHOLE // ◥ BOttles // ◥ OF //

Answer Key

041c // →BOttle // →aROUND // →FOUR // → WHOLE // →BOttles // →OF //

3.4 Notice the falling and level tones – III

Speech unit 040 has only one syllable, one prominence, and one tone, which is level.

040 // →WILL // 102

If this speech unit had a falling tone, it would sound as in 040a

040a // ◥WILL // 102

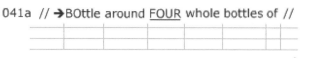

3.5 Observe and imitate – Exercise 2

This extract has nine speech units. One of them (062) has a rising tone. The others have either falling or level tones. Listen to each speech unit, and decide whether they need falling or level tones. Draw the arrows in the boxes provided.

057 //	→	AND er	// 204
058 //	→	and THEN you feel	// 430
059 //	☐	REAlly POsitively VIRtuous	// 139
060 //	↘	at CHRIStmas	// 213
061 //	☐	when you've got ALL this HOME-made	// 200
062 //	↗	SLOE GIN	// 107
063 //	☐	TO	// 169
064 //	→	GIVE er	// 290
065 //	↘	GIVE to all your ↑GUESTS	// 238

3.6 Answer to Exercise 2 → [Answer Key]

What score did you get? Write it here. ☐

4.1 Listen to diphthongs

Click on the words in the first column of the table and note the symbol – in the top row – that represents the letters in **bold**.

	ɪə	eə	ʊə	eɪ	aɪ	ɔɪ	əʊ	aʊ
really	✓							
various		✓						
tour			✓					
away				✓				
wild					✓			
enjoy						✓		
go							✓	
now								✓

4.2 Identify diphthongs – Exercise 3

Listen to the words in column 1 of the table below. Decide what symbol (in the top row) represents the sound of the letters in **bold** – and tick the appropriate cell.

	ɪə	eə	ʊə	eɪ	aɪ	ɔɪ	əʊ	aʊ
days								
might								
pointing								
pounds								
pre**pare**								
se**cure**								
sloe								
years								

4.3 Answer to Exercise 3 → [Answer Key]

What score did you get? Write it here. ☐

4.4 Pronunciation at speed

Look at the speech units listed in the table, and start saying them slowly and then speed up. Listen to each speech unit in turn, repeat it at the same time and speed as Maggie. Click on the microphone to record your version of the unit.

ɪə	014. ↘ we **REAL**ly en**JOY**	082
	C1. ↗ in the FIRST couple of **YEARS**	274
eə	037. ↘ pre**PARE** SLOE ↑<u>GIN</u>	138
	C2. ↗ at **VA**rious <u>PLAc</u>es	135
ʊə	C3. ↘ which was a BIT more se<u>**CURE**</u>	232
	R1. ↘ he TOOK me on a **TOUR** round <u>AUCK</u>land	xxx
eɪ	006. → a**WAY** <u>FOR</u>	120
	009. → per**HAPS** FIVE **DAYS**	145
aɪ	046. ↘ and we ↑**MIGHT** even	209
	048. ↘ **WILD** <u>DAM</u>sons	069
ɔɪ	014. ↘ we REALLY en**JOY**	082
	G1. → and KEPT **POIN**<u>ting</u> out	213
əʊ	019. ↘ the **SLOE** is of course of the <u>FRU</u><u>IT</u>	365
	033. ↘↗ and **GO** back to the <u>CO</u>ttage	243
aʊ	018. ↗ **NOW**	057
	026. ↘ is we collect **POUNDS** and <u>**POUNDS**</u>	181

If you find it difficult to match Maggie's speed, click on the blue 'Help ...' and follow this four stage procedure.

1   **Pause.** Say each word clearly with a pause after each word:
         'the sloe is of course of the fruit'

2   **Stream.** Speak a little faster, make words flow into each other, reduce 'of':
         'thesloeisevcoursevthefruit'

3   **Loud and soft.** Speak faster; say the prominent syllables louder, and the non-prominent syllables softer:
         'theSLOEisevcoursevtheFRUIT'

4   **Match.** Speed up until you match Maggie.

Self-assessment II

I have pronounced ...	Yes	No	Try Again
... the diphthongs accurately			
... the diphthongs on time			
... the prominences clearly			
... the non-prominences softly			
... the speech units at original speed			

5.1 Diphthongs at varying speeds – Exercise 4

Write the symbols for the diphthongs in the boxes below the syllables in which they occur.

> **Hint**
> Some of the vowels are short, you need to find the diphthongs.

046 // ↘ and we ↑**MIGHT** even // 201

047 // → be **AB**le to **GET** some // 300

048 // ↘ **WILD** ↑**DAM**sons // 069

050 // → which **GROW** // 158

053 // ↘ is **FIN**ding them // 220

aʊ aɪ

ʊə ɔɪ

ʊə əʊ

ɪə eɪ

5.2 Answer to Exercise 4

→ **Answer Key**

What score did you get? Write it here. ☐

5.3 Diphthongs in Speech: Listen and imitate

Practise saying these speech units, first slowly, then speeding up until you can say them as fast as Maggie – but take care not to say them faster. Vary your speed in the same way that she does. Make sure that you get the prominent syllables (indicated in CAPITAL LETTERS) in the right place. Make sure that you get the level and falling tones accurate.

044 // → ERM // 087
045 // → and THEN er // 190
046 // ↘ and we MIGHT even // 201
047 // → be ABle to GET some // 300
048 // ↘ WILD DAMsons // 069
049 // → ERM // 097
050 // → which GROW // 158
051 // ↘ in SHROPshire as WELL // 157
052 // ↘ ALL the FUN is // 198
053 // ↘ is FINding them // 220
054 // ↘ and colLECting them // 285
055 // ↘ from the HEDGErows // 244
056 // ↗ of COURSE // 120

Self-assessment II

I have pronounced ...	Yes	No	Try Again
... the diphthongs accurately			
... the diphthongs on time			
... the prominences clearly			
... the level tones accurately			
... the falling tones accurately			
... the non-prominences softly			
... the speech units at original speed			

6 Review

There were four on-screen
exercises in this chapter. Write
your scores in the table.

Exercise 1.	
Exercise 2.	
Exercise 3.	
Exercise 4.	

Look again at the goals of this chapter, and assess your progress.

to pronounce eight diphthongs ɪə eə ʊə eɪ aɪ ɔɪ əʊ aʊ			
Yes I have done this		I need to come back to this	
to give yourself time to plan while speaking (Section 3)			
Yes I have done this		I need to come back to this	
to use level and falling tones (Section 3)			
Yes I have done this		I need to come back to this	
to handle speech at speeds up to 430 words per minute (Section 2)			
Yes I have done this		I need to come back to this	

write your notes here

My greatest success in this chapter was:

write your notes here

The most difficult part of the chapter was:

CHAPTER FOUR

You were at Oxford?

Welcome

Welcome to Chapter 4 of *Streaming Speech*. In this chapter we will be working with Philip, a university lecturer. Philip was born in Bristol. In this recording, he speaks about his time at Oxford.

Goals

The goals of this chapter are to improve your ability:

- to pronounce eight consonants
- to produce rising tones, falling tones, and level tones in questions
- to re-start after making mistakes
- to handle speeds of 424 words per minute

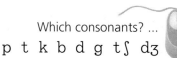

Which consonants? ...

p t k b d g tʃ dʒ

> **Note**
> We will use the following as a definition of *question* in spontaneous speech:
> 'Any words used to get information'. By this definition, all these can be questions:
> 'Were you at Oxford?', 'You were at Oxford', 'You were at ...'

1 Listening

Show exercise ...

You will hear Philip talking with Richard about his studies at Oxford. Look at the questions below, then listen to Extract 1 to get the answers.

1 How does Philip reply to the question 'And were you there to study languages?'
   A *He says 'YES'*   B *He says 'NO'*   C *He says neither*

2 Which was more important in the modern languages degree?
   A *Literature*   B *Language*

3 What interests Richard about the oral examination?
   A *It was very difficult*   B *It was impossible to fail it*

> **vocabulary**
> An 'oral' exam is one in which the student has to speak to the examiner.

Don't turn over. Think carefully about the answers. Below, write down the words which led you to your answers.

> write your notes here

How does this help?   Writing words now, before you see them, will help you recognise and understand words when listening in everyday life.

2.1 Philip's reply

The answer is C *Neither*. Tick this box if you got the right answer. ☐

```
065 //  →  WELL i was i was DOing              // 248
066 //  →  ERM                                 // 088
067 //  →  a MOdern languages degree in OXford // 218
068 //  →  IS                                  // 109
069 //  →  ERM                                 // 096
070 //  →  a STUdy of                          // 226
071 //  →  MOdern LANGuages                    // 078
072 //  →  AND                                 // 119
073 //  ↘↗ of the LANguage                     // 295
074 //  →  AND                                 // 142
075 //  ↘  LIterature                          // 060
```

Note
Philip doesn't say 'Yes' or 'No' to the question, because this would not have made clear that he studied <u>both</u> language <u>and</u> literature.

Note
There are eleven speech units, and nine of them have level tones. Philip is buying himself time to plan what to say.

Click on the speech units which have level tone. As you do this, say aloud the word with the underlined syllable – this is where the level tone starts. Which words do you find easy? Which do you find difficult?

Easy	Difficult

2.2 Literature versus Language

The answer is A *Literature*. Tick this box if you got the right answer. ☐

```
076 //  →  BUT                                          // 052
077 //  →  ERM                                          // 102
078 //  →  ALL THE                                      // 117
079 //  ↘↗ mm KUdos and GLOry                           // 125
080 //  →  TENded TO                                    // 120
081 //  ↗  acCUmulate on the LIterature SIDE            // 149
082 //  →  AND erm                                      // 120
083 //  [breath]                                        //
084 //  →  ER                                           // 147
085 //  ↗  i DON'T think people PAID a                  // 309
086 //  ↘  a great deal of aTTENtion to the LANguage as such // 255
087 //  ↘  it was aSSUMED you could DO it               // 316
```

Vocabulary
Kudos means 'prestige' or 'respect'

Note
Philip is again buying time with level tones. Note also that when he has planned, he speaks quickly.

Click on the speech units which have the following words. They all have the letter 'd' in the spelling. But one of these 'd's is not pronounced. Which one? Circle it.

Kudos, side, and, don't, paid, deal, assumed, do.

Answer Key

2.3 The Oral examination

The answer is B *It was impossible to fail it*. Tick this box if you got the right answer.

Philip	095	// → in <u>FACT</u> you could	// 259
	096	// ↘ <u>YOU</u> could	// 140
	097	// ↗ go RIGHT through and get a de<u>GREE</u> with	// 338
	098	// ↘↗ in <u>THOSE</u> days	// 257
	099	//↘↗ <u>CER</u>tainly	// 128
	100	// ↘ without SPEAking a WORD of the <u>LAN</u>guage	// 161
	101	// ↘ because you <u>COULD</u>n't fail the <u>Oral</u>	// 250
	102	// [pause]	//
Richard	103	// ↘ you <u>COULD</u>n't fail the <u>Oral</u>	// 300
Philip	104	// ↘ you <u>COULD</u>n't fail [the <u>Oral</u>]	// 356
Richard	105	// ↘↗ [there <u>WAS</u> one]	// 783
	106	// ↘but you couldn't <u>FAIL</u> it	// 492
Philip	107	// ↘ <u>YES</u>	// 330

Click on all the lines which have the words 'could' and 'couldn't'. Make sure you can hear these words. What sound is missing from 'couldn't'?

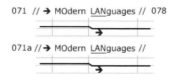

write your notes here

Answer Key

Note

The last two words of Philip's 104 ('the oral') and the three words of Richard's 105 ('there was one') overlap. There are thus five words overlapping, resulting in a speed of 783 words per minute. You might think that 105 is an interruption, and therefore rude: but Philip and Richard are clearly co-operating to establish (for Richard) what the facts of the situation were – in such cases overlapping speech is common.

3.1 Notice and imitate rises

The extract below has a rising tone on the word 'language'. Listen to it. There is a jump down at the beginning of the syllable 'LAN'. After the jump down, the rise starts on the middle of the syllable 'LAN' and continues over '-guage' .

143 // ↗ WITH the <u>LAN</u>guage // 235

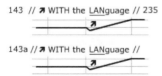

Click on 143a to hear a slower, clearer, rising tone.

143a // ↗ WITH the <u>LAN</u>guage //

3.2 Notice and imitate rises – comparisons

Compare the rising tones in 143/143a with the falling tones in 153/153a and the level tones in 071/071a. Often, falling tones have a jump up before the fall starts, but 153 does not.

153 // ↘ WITH the <u>LAN</u>guage // 180

071 // → <u>MO</u>dern <u>LAN</u>guages // 078

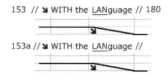

153a // ↘ WITH the <u>LAN</u>guage //

071a // → <u>MO</u>dern <u>LAN</u>guages //

3.3 Notice and imitate fall-rises

Closely related to the rise, is the fall-rise tone. Do not worry if you cannot tell the difference between rise and fall-rise tones: even experts disagree about the difference. At first, it is sufficient to recognise that they are neither falling nor level tones, but they are similar to rising tones.

The fall-rise in speech unit 150 is clearer than in 073. It also has a jump up to the middle of the first syllable of 'language' before the fall-rise starts. This is very common with fall-rise tones.

3.4 Notice and imitate fall-rises – comparisons

Here again are the examples of fall-rise tones. Draw the tones.

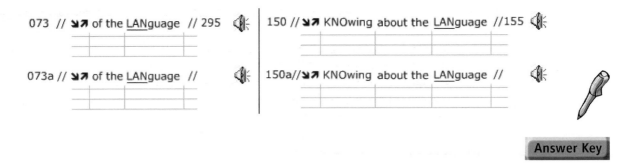

Answer Key

Compare them to the falling tones in 153 & 153a, and the level tones in 071 & 071a. Draw these tones.

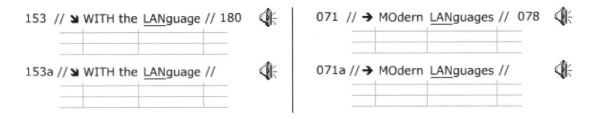

3.5 Observe question intonation

The question below comes from Chapter 1: it features a clear example of what textbooks call 'question intonation'.

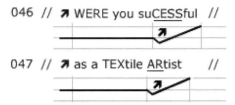

There are two speech units, and two rising tones: the first starting on the second syllable of 'successful' and the second on the first syllable of 'artist'.

3.6 Observe question intonation – Exercise 2

Below there are six questions taken from Philip's recording. Click and listen to each speech unit, and draw the arrows for the tones that you hear in the boxes provided. The first one (001) is done for you.

Hint
There are five falling tones (including 001), one level tone, and one rising tone.

001 // ↘	WHERE was it that you (yeah) WENT to uniVERsity	// 278
031 //	YOU were at OXford	// 219
034 //	did you enJOY your time	// 424
035 //	at EXeter	// 120
064 //	and were you THERE to STUdy languages	// 286
103 //	you COULDn't fail the Oral	// 300
154 //	and the LANguages in QUEStion were	// 237

Remember
Our definition of a question is 'Any stretch of speech intended by a first speaker to get information from a second speaker'

3.7 Answers to Exercise 2   ➔

Answer Key

What score did you get? Write it here. ☐

3.8 Fast speech in questions – example 1

Compare the paused and fast speech versions of the question
'Did you enjoy your time in Exeter?'

Paused speech   034a // DID YOU enJOY YOUR TIME //

035a // AT EXeter?   //

Fast speech   034 // ⃨ did you enJOY your time // 424

035 // ⃨ at EXeter   // 120

In fast speech, the final /d/ of 'did' is omitted; 'you' is omitted; the vowel of 'did' runs into the first vowel of 'enjoy', which becomes /ɪ/; the vowels in 'your' and 'at' change to /ə/; the /t/ in 'at' becomes a glottal stop.

words	Did you enjoy your time at Exeter?
paused speech	dɪd juːendʒɔɪ jɔː taɪm æt eksətə
fast speech	dɪndʒɔɪjətaɪməʔeksətə

3.9 Fast speech in questions – example 2

Compare the paused and fast speech versions of the question below.
What differences do you notice?

Paused speech   064a // AND WERE YOU THERE TO STUdy LANGuages //

Fast speech   064 // ⃨ and were you THERE to STUdy languages // 286

words	And were you there to study languages
paused speech	ænd wɜː juː ðeə tuː stʌdɪ læŋgwɪdʒɪz
fast speech	ænwəjəðetəstʌdɪlæŋwɪdʒɪz

The final /d/ of 'and' is omitted; the vowels of 'were' 'you' and 'to' change to /ə/; the consonant /g/ is omitted from 'languages'.

4.1 Listen to consonants

Click on the words in the first column of the table and note the symbol – in the top row – that represents the letters in **bold**.

	p	t	k	b	d	g	tʃ	dʒ
paid	✓							
atten**t**ion		✓						
couldn't			✓					
a**b**out				✓				
don't					✓			
give						✓		
whi**ch**							✓	
chan**ge**								✓

4.2 Identify consonants – Exercise 3

Listen to the words in column 1 of the table. Decide what symbol (in the top row) represents the sound of the letters in **bold** – and tick the appropriate cell.

	p	t	k	b	d	g	tʃ	dʒ
a**b**ility								
change								
chan**ge**								
couldn't								
doing								
given								
papers								
tended								

4.3 Answer to Exercise 3   →   Answer Key

What score did you get? Write it here.

4.4 Pronunciation at speed

Look at the speech units listed in the table, and start saying them slowly and then speed up. Listen to each speech unit in turn, repeat it at the same time and speed as Philip. Click on the microphone to record your version of the unit.

p	115. ↘ TWELVE written **PA**pers		208
	136. ↗ on the written **PA**pers		295
t	080. → **TEN**ded **TO**		120
	116. → you **TOOK** a**BOUT**		240
k	061. ↘ which was they **COULD**n't teach **LAN**guages		179
	101. ↘ because you **COULD**n't fail the **O**ral		250
b	142. ↘↗ the a**BIL**ity to **DO** things		204
	145. ↘ it was the ability to **KNOW** things a**BOUT** the language	214
d	043. ↘ very **IN**terested in **DO**ing		139
	065. → **WELL** i was i was **DO**ing		166
g	097. ↗ go **RIGHT** through and get a de**GREE** with		338
	126. → you'd be **GIVE** **GI**ven a		300
tʃ	061. ↘ whi**ch** was they COULDn't teach LANguages		179
	049. → and it was a **CHANGE** from		357
dʒ	143. ↗ WITH the LANgua**ge**		235
	061. → and it was a CHAN**GE** from		357

Note 1
Notice that the speech units for /p/ (row 1) have different tones starting on 'papers': a falling tone and a rising tone. After a while, try to imitate these. Similarly with the speech units for /d/: there are two different tones on the word 'doing': fall, and level.

Note 2
Remember, the tone starts on the final prominent syllable in the speech unit. For ease of reading, these syllables are not underlined in this table

If you find it difficult to match Philip's speed, click on the blue 'Help ...' and follow this four stage procedure.

1   **Pause**. Say each word clearly with a pause after each word:
       'and it was a change from'
2   **Stream**. Speak a little faster, make words flow into each other (drop the 'd' in 'and') reduce the vowels in 'was' and 'from':
       'anitwuzachangefrum'
3   **Loud and soft**. Speak faster; say the prominent syllables louder, and the non-prominent syllables softer:
       'anitwuzaCHANGEfrum"
4   **Match**. Speed up until you match Philip.

Self-assessment I

I have pronounced most ...	Yes	No	Try Again
... consonants accurately			
... consonants on time			
... prominences clearly			
... non-prominences softly			
... tones accurately			
... speech units at original speed			

5.1 Consonants – Exercise 4

Write the symbols for these consonants in the boxes below the syllables in which they occur. The first one is done for you.

```
076 //  → BUT                                              // 052
        [b]

079 //  ↘↗ mm KUdos and GLOry                              // 125        p
           [ ]          [ ]                                             t
080 //  → TENded TO                                        // 120        k
           [ ]    [ ]                                                   g
085 //  ↗ i DON'T think people PAID a                      // 309        g
           [ ]                  [ ][ ]                                  d
086 //  ↘ a great deal of aTTENtion to the LANguage as such // 255      dʒ
                           [ ]               [ ]  [ ]                   tʃ
087 //  ↘ it was aSSUMED you could ↓DO it                  // 316
                                    [ ]
```

5.2 Answer to Exercise 4   →   **Answer Key**

What score did you get? Write it here. [   ]

5.3 Consonants in speech: Listen and imitate

Practise saying these speech units, first slowly, then speeding up until you can say them as fast as Philip – but take care not to say them faster. Vary your speed in the same way that he does. Make sure that you get the prominent syllables (indicated in CAPITAL LETTERS) in the right place. Make sure that you get the tones accurate.

```
076  //  →  BUT                                           // 052
077  //  →  ERM                                           // 102
078  //  →  ALL THE                                       // 117
079  //  ↘↗  mm KUdosand GLOry                            // 125
080  //  →  TENded TO                                     // 120
081  //  ↗  acCUmulate on the ↑LIterature SIDE           // 149
082  //  →  AND erm                                       // 120
083     [breath]
084  //  →  ER                                            // 147
085  //  ↗  i DON'T think people PAID a                   // 309
086  //  ↘  a great deal of aTTENtion to the LANguage as such // 255
087  //  ↘  it was aSSUMED you could ↓DO it              // 316
```

Self-assessment II

I have pronounced ...	Yes	No	Try Again
... consonants on time & accurately			
... pauses on time			
... the prominences clearly			
... the non-prominences softly			
... tones accurately			
... speech units at original speed			

6 Review

There were four on-screen
exercises in this chapter.
Write your scores in the table.

Exercise 1.	
Exercise 2.	
Exercise 3.	
Exercise 4.	

Look again at the goals of this chapter, and assess your progress.

to pronounce eight consonants p t k b d g tʃ dʒ			
Yes I have done this		I need to come back to this	
to pronounce rising tones, falling tones, and level tones in questions (Section 3.3)			
Yes I have done this		I need to come back to this	
to re-start after making mistakes (Section 2.1)			
Yes I have done this		I need to come back to this	
to handle speeds up to 424 words per minute (Section 3.4)			
Yes I have done this		I need to come back to this	
to observe overlapping speech (Section 2.3)			
Yes I have done this		I need to come back to this	

write your notes here

My greatest success in this chapter was:

write your notes here

The most difficult part of the chapter was:

CHAPTER FIVE   A Frenchman's Grammar of English

Welcome

Welcome to Chapter 5 of *Streaming Speech*. In this chapter we will be working with Geoff, a university lecturer. Geoff was born in Birmingham and lived much of his early life in Bordesley Green close to Birmingham.

Goals

The goals of this chapter are to improve your ability:

- to pronounce another group of eight consonants
- to use speech units of different sizes
- to say words with and without prominences
- to self-correct
- to handle speeds up to 436 words per minute

Which consonants? ...

f v θ ð s z ʃ ʒ

1 Listening

You will hear two sections (106-137 & 172-228) of Geoff's recording, which contains the beginning of a lecture. He mentions books which were published in the seventeenth and eighteenth centuries.

Show exercise ...

1 Geoff says that this grammar is mainly for improving ...
   A *Reading*   B *Writing*

2 Priestley's grammar contains 'observations' on what?
   A *Schools*   B *Style*

vocabulary
'Observations' means 'comments'.

3 Geoff says that Priestley 'toyed with the idea' of including examples of what?
   A *Good English*   B *Bad English*

vocabulary
'Toy with the idea' means that you consider the idea, but not very seriously, and then reject it.

Don't turn over until you have thought carefully about the answers. Below, write down the words which led you to your answers.

write your notes here

How does this help?   Writing words now, before you see them, will help you recognise and understand words when listening in everyday life.

2.1 For reading or writing?

The answer is B *Writing*. Tick this box if you got the right answer. ☐

```
107 //  → ↑THIS IS                                              // 092
108 //  ↘ a MANual                                              // 055
109 //  → FOR                                                   // 093
110 //  → BOTH                                                  // 125
111 //  → REAding                                               // 138
112 //  ↘ and WRIting                                           // 145
113 //  ↘↗ ef↓FECtively                                         // 105
114 //  → it's a MANual                                         // 308
115 //  ↘ well well it's MORE of a manual for WRIting in fact // 386
116 //  ↘ Even though it is for REAding             // 407
```

Note
Geoff buys time with level tones in 107-111

Note
The word *manual* appears three times (108, 114, &115). Notice the differences.

Click on each line and say them at the same time and speed as Geoff.
Which words do you find easy? Which do you find difficult?

Easy | Difficult

Effectively means …

In 113 *effectively* means either 'well' (successfully) or 'in fact'.

A manual is …

A *manual* is a book of instructions which tells you how to do things correctly.

2.2 Observations on school or style?

The answer is B *Style*. Tick this box if you got the right answer. ☐

```
188 //  ↘↗ this is ONE produced by PRIEStley        // 188
189 //  → who's GOT                                  // 235
190 //  → of COURSE                                  // 182
191 //  ↗ RAther a lot of conNECtions with BIRmingham // 199
192 //  → ERM                                        // 053
193 //  → the ↑RUdiments of english GRAmmar          // 313
194 //  → aDAPted to the use of SCHOOLS              // 282
195 //  ↘ with OBservations on STYLE                 // 160
196 //  ↘ so aGAIN                                   // 400
197 //  ↘ it's speCIfically about WRIting            // 148
```

Note
Joseph Priestley (1733-1804) was a grammarian, theologian, and chemist. He lived in Birmingham for twelve years.

Vocabulary
'Rudiments' is a rare word that means 'basics' or 'essentials'.

Listen to the prepositions 'by' (188), 'of' (190, 191,193,194), 'with' (191, 195), 'on', &
'about'. They are all non-prominent, but which ones are clear?

Answer Key

2.3 Good English or bad English?

The answer is B *Bad English*. Tick this box if you got the right answer. ☐

```
198 // ↗ ↑PRIESTley SAYS in his PREface at ONE point  // 248
199 // ?...that...                                      // 216
200 // ↘ he ↑DID ↑TOY with the idea                     // 237
201 // → of inCLUding                                   // 099
202 // ↘ a SEries of exAMples of BAD english            // 209
203 // ↘ towards the END of the book                    // 364
204 // ↘ so that you'd KNOW exactly what to aVOID       // 348
205 // ?...this GIVES...                                // 276
206 // → GIVES the WHOLE iDEa of                        // 377
207 // ↘ what it's ALL a↓BOUT                           // 302
```

In this extract, there are a number of noises. In which speech units do they occur?

Squeak	
Bang	
Cough	

3.1 Notice speech units of different sizes

In the extract below, Geoff illustrates the full range of speech unit sizes: the largest is 198 with four prominences, the smallest is 199 – it is incomplete, with no tone.

```
198 // ↗ ↑PRIESTley SAYS in his PREface at ONE point // 248
        O   o   O   o  o   O   o   o  O   o   [four prominence]
```

```
199 // ? ...that... // 216
               o                           [incomplete]
```

```
200 // ↘ he ↑ DID ↑ TOY with the idea // 237
        o    O    O   o   o   o o       [double prominence]
```

```
201 // →  of inCLUding //099
         o  o  O  o                        [single prominence]
```

```
202 // ↘ a SEries of exAMples of BAD english //209
        o O  o  o  o  oO  o  o  O   o  o    [triple prominence]
```

```
203 // ↘ towards the END of the book // 364
        o  o    o   O  o   o   o        [single prominence]
```

3.1 Notice speech units of different sizes *continued*

 Determining the size of speech units ...

The size of speech unit is determined by number of prominences not by numbers of words. The most common sizes of speech unit are double and single prominence speech units. In the four minutes forty seconds of Geoff's recording, single and double prominence speech units account for 88% of the recording.

QUESTION: Who decides where a speech unit begins and ends?
ANSWER: Speakers decide where to place prominences and tones: it is their decision, they have a choice. The choices they make can be explained by reference to the contexts in which they speak.

> RULES
> In analysing what a speaker has done, I follow these rules:
> 1   A speech unit ends after a tone occurs
> 2   There can only be one tone in a speech unit
> 3   A speech unit also ends if there is a pause – but often there is no pause
> 4   If there is no pause, the speech unit ends somewhere between the end of the tone, and the first prominence of the next unit
> 5   The next prominence after a tone has to be in another unit.

We return to this topic in section 3.4. There is more discussion of methods for determining the size of speech units in Chapter 10.

If you find these rules difficult to understand, don't worry. You don't need to understand them to improve your listening and pronunciation. All you need to do is to get a feel of the different sizes of speech unit.

 About 198 ...

> *Point* is non-prominent at the end of a four-prominence speech unit.

```
198 // ➚ ↑PRIESTley SAYS in his PREface at ONE point // 248
         O     o    O      o  o   O  o    o   O    o
198a // ➚ ↑PRIESTley SAYS in his PREface at ONE POINT // ⇐
         O     o    O      o  o   O   o   o   O    O
```

> If *point* were prominent, it would make a five-prominence unit as in 198a.

 About 199 ...

> *That* is non-prominent, in an incomplete speech unit – i.e. one with no tone.

```
199 //? ...that... // 216
          o
199a // ➞ THAT // ⇐
```

> If *that* were prominent with a level tone, it would make a single prominence speech unit as in 199a.

3.1 Notice speech units of different sizes *continued*

About 200 ...

> There is a long falling tone (from high) starting on *toy*.

> *Idea* is non-prominent at the end of a double prominence speech unit.

```
200 // ↘he ↑DID ↑TOY with the idea //237
       o    O    O    o    o    o o
200a // ↘he ↑DID ↑TOY with the iDEA //
       o    O     O    o      o  o O
```

> If *idea* received a prominence it would make a triple prominence speech unit as in 200a.

About 202 ...

> *English* is non-prominent at the end of a triple prominence speech unit.

```
202 // ↘a SEries of exAMples of BAD english // 209
       oO  o     o   o oO    o    O     o  o
202a // ↘a SEries of exAMples of BAD ENGlish //
        oO  o     o   o  oO   o    O    O   o
```

> If *English* were prominent, it would make a four prominence speech unit as in 202a.

About 203 ...

> *Towards* is non-prominent at the beginning of a single prominence speech unit ...

> ... and *book* is non-prominent at the end of the unit.

```
203 ↘towards the END of the book 364
     o   o     O   o   o    o
```

```
203a ↘toWARDS the END of the book XXX
      o   O     o    O   o   o    O
```

> If *towards* had a prominence, it would make a double prominence speech unit as in 203a.

```
203b ↘towards the END of the BOOK XXX
      o    o    o   O   o   o   O
```

> If *book* were prominent, it would make a double prominence speech unit as in 203b

> If both *towards* and *book* had prominences, they would make a triple prominence speech unit as in 203c.

```
203c ↘toWARDS the END of the BOOK XXX
      o   O     o   O   o   o   O
```

3.2 Observe speech units of different sizes – Exercise 2

Listen to the extract below, and decide what size each of the following speech units are. There is one triple, four double, and one single prominence speech units. Write the label and rhythmic shapes (O = prominent syllable; o = non-prominent syllable) underneath the speech unit which matches it. One is done for you.

```
188 // this is one produced by priestley // 188
   B    o    o  O    o   o    o   O o          DOUBLE
191 // rather a lot of connections with birmingham // 199


192 // erm 053

                                           A  O o o o o o O o o O o o   TRIPLE
193 // the rudiments of english grammar // 313
                                           B  o o O o o o O o          DOUBLE

                                           C  o O o o o o o O o        DOUBLE
194 // adapted to the use of schools // 282
                                           D  o O o o o o O            DOUBLE

                                           E  o O o o o o o O          DOUBLE
195 // with observations on style // 160
                                           F  O                       SINGLE
```

3.3 Answer to Exercise 2   →   **Answer Key**

Exercise 2. What score did you get? Write it here. ☐

3.4 Speech units – a window on speech?

On the previous pages you have seen that spontaneous speech can be divided into speech units of different sizes. The size of a speech unit is determined by the number of prominences. The table below shows the different sizes, in increasing order of size

incomplete	199 ?...that... 216
single	201 → of inCLUding 099
double	200 ↘he ↑DID ↑TOY with the idea 237
triple	202 ↘a SEries of exAMples of BAD english 209
quadruple	198 ↗↑PRIESTley SAYS in his PREface at ONE point 248

3.4 Speech units – a window on speech? *continues on page 54*

You can find more on speech units, and how to identify them, in Chapter 10.

3.5 Observe fast speech – Example 1

Geoff is very good at keeping his students interested by varying his speed. We will now look at some of his fastest speech units to see how he gets words to flow into each other.

Compare the paused and fast speech versions of 134 below. What differences do you notice?

Fast speech   134 // ⬎ we're NOT going into great DEtail   // 310 🔊

Paused speech   134a // WE'RE NOT GOING INTO GREAT DETAIL //   🔊

words	we're not going into great detail
paused speech	wiːə nɒt ɡəʊɪŋ ɪntuː ɡreɪt diːteɪl
fast speech	wənɒɡəʊnɪntəɡreɪdiːteɪl

Note. The vowel in 'we're' becomes /ə/; 'going' loses its second syllable; the second vowel of 'into' becomes /ə/; 'not' and 'great' lose /t/.

3.6 Observe fast speech – Example 2

Compare the paused and fast speech versions of 153 below. What differences do you notice?

Fast speech   153 // ⬎⬈ because EVerything's been MOVED around in the LIbrary   // 392 🔊

Paused speech   153a // BECAUSE EVERYTHING'S BEEN MOVED AROUND IN THE LIBRARY //   🔊

words	because everything's been moved around in the library
paused speech	bɪkɒz evrɪθɪŋz biːn muːvd əraund ɪn ðə laɪbrəri
fast speech	bzevθɪŋzbɪnmuːvdraundnðəlaɪbri

Note. 'Because' becomes /bz/ and 'everything' and 'library' become two-syllable words 'evthing' and 'libry'.

3.7 Fast speech – Exercise 3

In 187 the words 'one' and 'detail' have prominences. The remaining words (all non-prominent) have been placed in five groups. Listen to the whole speech unit, and draw a line from each group to the right place in the speech unit. One has been done for you.

187 // ⬎ [   ] ONE [   ]   [   ]   [   ] DEtail [   ] // 408 🔊 ✒

i'm going   (in fact)   in slightly more   this is   to be looking at

3.8 Answer to Exercise 3   ➔   [Answer Key]

Exercise 3. What score did you get? Write it here. [   ]

Why does Geoff speak so quickly? – see 3.9 in the Answer key for an explanation.

3.9 Why so many words, so quickly?   ➔   [Answer Key]

4.1 Listen to consonants

Click on the words in the first column and note the symbol – in the top row – that represents the letters in **bold**.

	f	v	s	z	θ	ð	ʃ	ʒ
for	✓							
avoid		✓						
series			✓					
used				✓				
think					✓			
this						✓		
should							✓	
usual								✓

4.2 Identify consonants – Exercise 4

Listen to the words in column 1. Decide what symbol (in the top row) represents the sound of the letters in **bold** – and tick the appropriate cell.

	f	v	s	z	θ	ð	ʃ	ʒ
conventions								
design								
few								
unusual								
notion								
system								
that's								
thing								

4.3 Answer to Exercise 4   ➔   [Answer Key]

Exercise 4. What score did you get? Write it here. [   ]

4.4 Pronunciation at speed

Listen to each speech unit, and repeat it at the same time and speed as Geoff. When you are ready, click on the microphone icon and record your version of each unit.

ʃ	034. →	its ONE of the very **FEW**	326
	091. ↘↗	ex**AC**tly what it's **FOR**	225
v	204. ↘	so that you'd **KNOW** exactly what to a**VOID**	348
	130. ↘	the con**VEN**tions that are ↓**USED**	174
s	202. ↘	a **SE**ries of ex**AM**ples of **BAD** english	209
	216. ↘	of **SOME** sort of natural ↓**SYS**tem	264
z	100. →	the several **HANDS** used in **WRI**ting	235
	237. ↘	a a **GREAT** **MO**ral de**SIGN**	189
ʃ	210. →	**SHOULD** and should **NOT**	216
	232. ↗	that **WON'T** just **SH**OW you	426
ʒ	032. ↘	it's ↑**SLIGHT**ly un**US**ual	193
	099. →	the ↑**US**ual abbrevi**A**tions	196
θ	149. →	which i ↑**THINK** now is **IN**	233
	045. →	the sort of **THING**	288
ð	186. →	but **THIS** is a**NO**ther	122
	265. ↘	**ONCE** **THAT'S** been es**TAB**lished	151

If you find it difficult to match Geoff's speed, click on the blue 'Help ...' and follow this four stage procedure.

1   **Pause.** Say each word clearly with a pause after each word:
         'the sort of thing'

2   **Stream.** Speak a little faster, make words flow into each other,
         reduce the vowel in 'of':
         'thesortevthing'

3   **Loud and soft.** Speak faster; say the prominent syllables louder, and
   the non-prominent syllables softer:
         'the sortevTHING"

4   **Match.** Speed up until you match Geoff.

Self-assessment I

I have pronounced most ...	Yes	No	Try Again
... consonants accurately			
... consonants on time			
... prominences clearly			
... non-prominences softly			
... tones accurately			
... speech units at original speed			

5.1 Consonants in speech – Exercise 5

Write the symbols for these consonants in the boxes below the syllables in which they occur. The first one is done for you.

042 // → but it <u>IS</u>   // 288

           z

043 // ↘ <u>FAIR</u>ly <u>TY</u>Pical   // 105

046 // ↘↗ that it <u>CO</u>vers   // 163

048 // → i mean it'<u>s</u> <u>AL</u>so fairly <u>TY</u>Pical   // 229

052 // ↘ oo oh <u>SE</u>venteenth century **there**   // 235

053 // → <u>SO</u>rry this is <u>JUST</u>   // 296

s

z

f

v

θ

ð

dʒ

5.2 Answer to Exercise 5   →

What score did you get? Write it here.

(3.4 Speech units – A window on speech? *Continued from page 50*)

By far the majority of speech units are either single or double prominence. There are eight recordings in *Streaming Speech,* lasting a total of 23 minutes; there are 1218 speech units, of which 88% are either single or double prominence speech units.

Numbers and percentages of speech units of different sizes in the eight recordings

	incomplete	single	double	triple	quadruple
number	62	559	505	75	4
percent	5	46	42	6	1

5.3 Consonants in speech: listen and imitate

Practise saying these speech units, first slowly, then speeding up until you can say them as fast as Geoff – but take care not to say them faster. Vary your speed in the same way that he does. Make sure that you get the prominent syllables (indicated in CAPITAL LETTERS) in the right place. Make sure that you get the tones accurate.

```
042 // → but it IS                           // 288
043 // ↘ FAIRly TYPical                      // 105
044 // → in TERMS of the                     // 179
045 // → the sort of THING                   // 288
046 // ↘ ↗ that it COvers                    // 163
047 // → ERM                                 // 060
048 // → i mean it's ALso fairly TYPical     // 229
049 // ↘ EIGHteenth century TItle page       // 194
050 // ↗ you KNOW in                         // 342
051 // → TERMS of the                        // 180
052 // ↘ oo oh SEventeenth century there     // 235
053 // → SOrry this is JUST                  // 296
054 // ↘ LATE seventeenth century           // 216
055 // ? ..but it...                         // 166
056 // ↘ it's ON the ↓WAY                    // 436
```

> **Note**
> 'Fairly' is prominent in 043, but non-prominent in 048.

> **Note**
> Geoff does a self-correction in 052-56.

How does this help?

Imitating a stretch of speech will make you more comfortable with the variability of spontaneous speech, both in listening and in speaking.

Self-assessment II

I have pronounced most …	Yes	No	Try Again
… consonants on time & accurately			
… pauses on time			
… prominences clearly			
… non-prominences softly			
… tones accurately			
… speech units at original speed			

6 Review

There were five on-screen
exercises in this chapter.
Write your scores in the table.

Exercise 1.	
Exercise 2.	
Exercise 3.	
Exercise 4.	
Exercise 5	

Look again at the goals of this chapter, and assess your progress.

to pronounce eight consonants f v θ ð s z ʃ ʒ			
	Yes I have done this		I need to do more work
to use speech units of different sizes (Section 3)			
	Yes I have done this		I need to do more work
to say words with and without prominences (Section 3)			
	Yes I have done this		I need to do more work
to self-correct (Section 5)			
	Yes I have done this		I need to do more work
to handle speeds up to 436 words per minute (Section 5)			
	Yes I have done this		I need to do more work

write your notes here

My greatest success in this chapter was:

write your notes here

The most difficult part of the chapter was:

CHAPTER SIX

From London to Sudan

Welcome

Welcome to Chapter 6 of *Streaming Speech*. In this chapter we will be working with Bob, a university lecturer. Bob was born in Camberwell in south London. He got his first teaching job as an English teacher in Sudan.

Goals

The goals of this chapter are to improve your ability:

- to pronounce another group of eight consonants
- to use stress-shift
- to use repetition effectively

Which consonants? ...

m n ŋ w l r j h

1 Listening

You will hear Bob describing how he felt about taking a job after leaving university. At that time he was 'very idealistic', and there were types of work that he did not want to do: the arms industry, banking. Later he explains why he first thought of teaching in Sudan.

Show exercise ...

1 Why did he become a roadsweeper?
    A *It suited his ideals*   B *He had little choice*

2 What did Bob dislike about being a roadsweeper?
    A *Litter*   B *Wet leaves*

3 Why did he think of teaching in Sudan?
    A *A friend sent a postcard*   B *He wanted to work in a warm dry place*

> **Note**
> Sudan – capital Khartoum – is a country in East Africa, just south of Egypt.

Don't turn over. Think carefully about the answers. Below, write down the words which led you to your answers.

write your notes here

How does this help?   Writing words now, before you see them, will help you recognise and understand words when listening in everyday life.

2.1 Why did Bob become a roadsweeper?

The answer is B *He had Little choice*. Tick this box if you got the right answer. ☐

In 027 ...

Note
In 027 Bob speaks extremely fast - at nearly 500 words per minute.

In 028 ...

Note
In 028 Bob makes 'going' prominent with a falling tone, but he says 'gunna'. See section 3.5 below

```
016 // → i WASn't going to WORK                          // 272
017 // → for NOthing                                     // 148
018 // ↘ that had ANything                               // 263
019 // → to DO with ERM                                  // 240
020 // ↘ ARMS                                            // 055
021 // → OR ER                                           // 133
022 // ↗ you ↓KNOW                                       // 139
023 // → the MILitary                                    // 206
024 // ↘↗ i WASn't going to WORK for THIS                // 361
025 // ↘ i WASn't going to WORK for THAT                 // 444
026 // ↘↗ and BAsically                                  // 178
027 // ↗ by the TIME you got to the END of the LIST      // 491
028 // ↘ of what i WASn't GOing to do                    // 302
029 // → ERM                                             // 068
030 // ↘ there WASn't an awful lot ↑LEFT                 // 259
031 // → ERM                                             // 053
032 // ↘ and i ENded up WORking as a ↑ROADsweeper        // 222
033 // ↘ for about NINE MONTHS                           // 200
```

Compare the words above with the words you wrote at the bottom of the previous page. Circle the words you did not hear clearly, and listen to them again.

In 016-017 ...

Note
Bob uses a double-negative in 016-017: according to the rules of grammar, he should have said 'I wasn't going to work for anything ...'. There are two reasons why he used the double negative 'wasn't ... nothing': first, he is going to use 'anything' in 018 and perhaps wants to avoid a repetition; second, he is deliberately choosing a non-standard vocal style to underline his desire not to conform.

2.2 What did Bob dislike about being a roadsweeper?

The answer is B *Wet Leaves*. Tick this box if you got the right answer. ☐

Note
In 036 Bob refers to the area of London where he worked as a roadsweeper: SE 22 means 'Postal District South East 22' which is the East Dulwich area of South London.

```
032 // ↘ and i ENded up WORking as a ↑ROADsweeper        // 222
033 // ↘ for about NINE MONTHS                           // 200
034 // → CLEAning                                         // 112
035 // → the STREETS of ↓ER                               // 205
036 // ↘ S E twenty TWO                                   // 159
037 // → ERM                                              // 055
038 // ↘↗ DUring the AUtumn and WINter                    // 168
039 // → which as Any                                     // 230
040 // ↘↗ ROADsweeper will TELL you                       // 219
041 // ↘ is a DREADful time of YEAR                        // 305
042 // ↘ all those WET LEAVES                             // 214
043 // ↘ VEry HEAvy                                       // 192
044 // ↘ WET LEAVES                                       // 183
```

2.3 Why did he think of teaching in Sudan?

The answer is A *A friend sent a postcard*. Tick this box if you got the right answer. ☐

```
049 //  ↘↗ it was aROUND THEN                                 // 119
050 //  → THAT                                                // 066
051 //  → of a ↑MATE                                          // 176
052 //  ↘↗ of MINE FROM BRADford                              // 120
053 //  → ERM                                                 // 074
054 //  ↘ a GUY called JAY                                    // 207
055 //  → ER                                                  // 049
056 //  ↘ SENT me a POSTcard                                  // 307
057 //  ↘ i got a POSTcard from a PLACE called al-oBEID       // 265
058 //  → in ER                                               // 120
059 //  ↘ CENtral suDAN                                       // 120
060 //  → WHERE this GUY had                                  // 119
061 //  ↘↗ SURfaced                                           // 054
062 //  → HAving                                              // 060
063 //  → ERM                                                 // 060
064 //  → TAken a JOB                                         // 233
065 //  → FOR the                                             // 163
066 //  ↘ SUdanese ministry of eduCAtion                      // 120
```

In 051 ...

Note
In 051 'mate' is an informal word meaning 'friend'. Note that Bob makes a slip here - he adds 'of' - but this would not be noticed in real time.

In 059 and 066 ...

Note
In 059 and 066 Bob uses the words 'Sudan' and 'Sudanese': we will look in more detail at the pronunciation of these words in 3.1 below.

3.1 Notice dictionary pronunciations

The pronunciation key of a dictionary gives a special pronunciation of a word. A dictionary pronunciation is the form that a word has when spoken clearly, on its own, in a speech unit which begins and ends with a pause. You are most likely to hear a dictionary pronunciation when you ask the question 'How do you pronounce this?'

Listen to the dictionary pronunciation of 'Sudan', the country where Bob had his first teaching job:

Sudan   // ↘ suDAN //
                ○ **O**

'Sudan' has only one syllable that can be prominent (one potential prominence), and therefore occurs in a single prominence speech unit.

Bob says 'Sudan' in three different speech units:

```
059 //  ↘ CENtral suDAN                 // 120
084 //  ↘ SO suDAN                      // 060
101 //  ↘ in the FAR WEST of sudan      // 247
```

In both 059 and 084, 'Sudan' receives a prominence, and has a falling tone. In 101 it is non-prominent at the end of a falling tone which starts on 'west'.

3.2 Notice stress-shift

Now listen to the dictionary pronunciation of 'Sudanese':

Sudanese   // ↘ SUdaNESE //
                     O ○ O

This is a double prominence speech unit, with two prominences on one word. But speakers do not always make both of them prominent. Bob says 'Sudanese' four times. Click on each of the speech units below to hear the difference. Compare them with the dictionary pronunciation above.

In 075 ...

074 // ↘ SUdaNESE	// 068
075 // ↘ NORthern sudanese	// 120
066 // ↘ SUdanese ministry of eduCAtion	// 120
068 // → the SUdanese having LOST	// 149

Note
In 075 it is non-prominent at the end of a single prominence speech unit.

In 066 and 068 ...

Note
In 066 and 068 'Su' is prominent, and 'nese' is non-prominent. This is quite different from the dictionary form. Click on 'Sudanese' in each of the four speech units above to hear the difference.

What happens to 'Sudanese' in 066 & 068 is known as *stress-shift*. Stress-shift frequently applies to nationality adjectives: Japanese, Chinese, Taiwanese.

For example ...

074a // ↘ JAPaNESE	// 068
066a // ↘ JApanese ministry of eduCAtion	// 120
068a // → the JApanese having LOST	// 149
075a // ↘ NORthern japanese	// 120

3.3 Observe stress-shift – Exercise 2

Stress shift occurs in words with more than one syllable. Listen to, and imitate the dictionary forms of these words. We will use examples from Geoff's recording (Chapter 5) in this section.

// ↘ OBserVAtions // // ↘ preSCRIPtive // // ↘ RAther // // ↘ inTENded //
     O ○ O ○   ○   O   ○   O ○   ○ O ○
// ↘ FUNdaMENtally // // ↘ deSCRIPtive //   // ↘ PRACtical //
     O ○ O ○ ○   ○   O ○   O   ○ ○

'Observations' and 'Fundamentally' have two potential prominences, and therefore require a double prominence speech unit; the others have only one potential prominence, and therefore require only single prominence speech units.

3.3 Observe stress-shift – Exercise 2 *continued*

Now listen to these seven words in the speech units below. All of them receive just one prominence. Listen and and circle the prominent syllables. The first three are done for you.

195 // ↘ with (OB)servations on (STYLE)   // 160

117 // → it (IS)   // 116

118 // ↘ fundamentally prescriptive   // 083

119 // ↘ rather than descriptive   // 125

120 // ↘ and it is fundamentally intended   // 145

121 // ↘ to be practical   // 188

3.4 Answer to Exercise 2   →   Answer Key

What score did you get? Write it here. ☐

3.5 Observe fast speech – repetitions

In part 1 of the recording, Bob describes himself as idealistic, and his idealism means he does not want to do certain jobs. He repeats 'I wasn't going to work' four times (it is acceptable to repeat words in this way, he's an expert speaker).

014 // → i WASn't going to WORK   // 300
015 // ↗ for NO BANKS   // 180
016 // → i WASn't going to WORK   // 272
017 // → for NOthing   // 148
018 // ↘ that had ANything   // 263
019 // → to DO with ERM   // 240
020 // ↘ ARMS   // 055
. . .
024 // ↘↗ i WASn't going to WORK for THIS   // 361
025 // ↘ i WASn't going to WORK for THAT   // 444
. . .
027 // ↗ by the TIME you got to the END of the LIST   // 491
028 // ↘ of what i WASn't GOing to do   // 302

Bob's fastest speech unit is 027 ...

In *Streaming Speech* we are interested in fast speech. Bob's fastest speech unit is 027:

words	↗ by the TIME you got to the END of the LIST
paused speech	baɪ ðə taɪm juː gɒt tuː ðiː end ɒv ðə lɪst 🔊
fast speech	bɑðətaɪmjəgɒtəðiendədəlɪst 🔊

The diphthong in 'by' is close to a short version of /ɑː/ as in 'car'; the vowels in 'you' 'to' and 'of' reduce to /ə/; and the final consonant of 'of' is missing.

3.5 Observe fast speech – repetitions *continued*

Bob then does something interesting with 028: he keeps the 'gunna' pronunciation of 'going to' which he had repeated four times (014, 016, 024 & 025) and makes it prominent with a falling tone.

words	↘ of what i WASn't GOing to do
paused speech	əv wɒt aɪ wɒznt gəʊɪŋ tuː duː 🔊
fast speech	əvwɒʔæwɒzngʌnəduː 🔊

The /t/ at the end of 'what' becomes a glottal stop; /aɪ/ becomes a short sharp /æ/ which is the most common pronunciation of 'I'.

4.1 Listen to consonants

Click on the words in the first column and note the symbol – in the top row – that represents the letters in **bold**.

	m	n	ŋ	w	l	r	j	h
moved	✓							
nine		✓						
thi**ng**s			✓					
work				✓				
london					✓			
rest						✓		
yes							✓	
having								✓

4.2 Identify consonants – Exercise 3

Listen to the words in column 1. Decide what symbol (in the top row) represents the sound of the letters in **bold** – and tick the appropriate cell.

	m	n	ŋ	w	l	r	j	h
a**r**ound								
heavy								
idea**l**istic								
ministry								
northern								
speaki**ng**								
wet								
year								

4.3 Answers to Exercise 3 → Answer Key

Exercise 3. What score did you get? Write it here. ☐

4.4 Pronunciation at speed

Listen to each speech unit, and repeat it at the same time and speed as Bob. When you are ready, click on the microphone icon and record your version of each unit.

m	006. ↘↗ MOVED back in with my PArents	272
	066. ↘ SUdanese ministry of eduCAtion	120
n	033. ↘ for about NINE MONTHS	200
	107. ↘ the NORthern end of the nuba HILLS	309
ŋ	011. ↗ there were ALL sorts of THINGS	349
	076. ↘↗ SPEAking Arabic	120
w	025. ↘ i WASn't going to WORK for THAT	444
	042. ↘ all those WET LEAVES	214
l	001. ↘ i was ↑VEry ideaLIStic	131
	005. → i ↑WENT back to LONdon	300
r	049. ↘↗ it was aROUND THEN	119
	112. ↘ and the REST is ↑HIStory	234
j	041. ↘ is a DREADful time of YEAR	305
	104. → for a YEAR IN er	300
h	003. → i ↑HAD my deGREE	225
	043. ↘ VEry HEAvy	192

If you find it difficult to match Bob's speed, click on the blue 'Help ...' and follow this four stage procedure.

1 **Pause**. Say each word clearly with a pause after each word:
'I went back to London'

2 **Stream**. Speak a little faster, make words flow into each other; reduce the vowels in 'I' and 'to':
'awentbacktelondon'

3 **Loud and soft**. Speak faster; say the prominent syllables louder, and the non-prominent syllables softer:
'aWENTbackteLONdon'

4 **Match**. Speed up until you match Bob.

Self-assessment I

I have pronounced most ...	Yes	No	Try Again
... consonants accurately			
... consonants on time			
... prominences clearly			
... non-prominences softly			
... tones accurately			
... speech units at original speed			

5.1 Consonants – Exercise 4

Write the symbols for these consonants in the boxes below the syllables in which they occur. The first one is done for you. In earlier chapters, you were asked to identify sounds in prominent syllables: now you are also asked to identify some of these sounds in non-prominent syllables.

```
032 // ↘ and i ENded up WORking as a ↑ROADsweeper    // 222    🔊
         [w]

033 // ↘ for about NINE MONTHS                        // 200        w
         [ ]      [ ]                                              n

038 // ↘↗ DUring the AUtumn and WINter                // 168    m
          [ ]                  [ ][ ]                            ŋ

041 // ↘ is a DREADful time of YEAR                   // 305    r
                              [ ]                               j

042 // ↘ all those WET LEAVES                         // 214    l
                   [ ] [ ]                                      h

043 // ↘ VEry HEAvy                                   // 192
              [ ]
```

5.2 Answers to Exercise 4   →   Answer Key

Exercise 4. What score did you get? Write it here.   [ ]

5.3 Repetition is ok – listen and imitate

Practise saying these speech units, first slowly, then speeding up until you can say them as fast as Bob – but take care however not to say them faster. Vary your speed in the same way that he does. Make sure that you get the prominent syllables (indicated in CAPITAL LETTERS) in the right place. Make sure that you get the tones accurate.

```
031 // → ERM                                          // 053
032 // ↘ and i ENded up WORking as a ↑ROADsweeper    // 222
033 // ↘ for about NINE MONTHS                        // 200
034 // → CLEAning                                     // 112
035 // → the STREETS of ↓ER                           // 205
036 // ↘ S E twenty TWO                               // 159
037 // → ERM                                          // 055
038 // ↘↗ DUring the AUtumn and WINter                // 168
039 // → which as Any                                 // 230
040 // ↘↗ ROADsweeper will TELL you                   // 219
041 // ↘ is a DREADful time of YEAR                   // 305
042 // ↘ all those WET LEAVES                         // 214
043 // ↘ VEry HEAvy                                   // 192
044 // ↘ WET LEAVES
```

How does this help?   Imitating this extract will make you more comfortable with the variability of
                        spontaneous speech, both in listening and in speaking.

Self-assessment II

I have pronounced ...	Yes	No	Try Again
... speech unit size accurately			
... consonants on time			
... the prominences clearly			
... the non-prominences softly			
... tones accurately			
... speech units at original speed			

6 Review

There were four on-screen exercises in this chapter. Write your scores in the table.

Exercise 1.	
Exercise 2.	
Exercise 3.	
Exercise 4.	

Look again at the goals of this chapter, and assess your progress.

to pronounce eight consonants m n ŋ w l r j h			
Yes I have done this		I need to come back to this	
to use stress-shift (Section 3)			
Yes I have done this		I need to come back to this	
to use repetition effectively (Sections 3 & 5)			
Yes I have done this		I need to come back to this	
to handle speeds up to 491 words per minute (Section 3)			
Yes I have done this		I need to come back to this	

Write your notes here

My greatest success in this chapter was:

Write your notes here

The most difficult part of the chapter was:

CHAPTER SEVEN

Farmed out in Oxford

Welcome

Welcome to Chapter 7 of *Streaming Speech*. In this chapter we will be working with Rachel, a university administrator. Rachel was born in Newcastle upon Tyne, but had most of her school-age education in south London. She talks about studying at Oxford University. Oxford has many colleges: Rachel attended St. Catherine's College, known as 'St. Cats'.

Goals

The goals of this chapter are to improve your ability:

- to use stress in long words
- to pronounce consonant clusters in isolated words and in speech units
- to use high and low ranges of your voice
- to use listing intonation
- to handle speeds up to 462 words per minute

Consonant clusters? ...

```
br kl  kw   str
lθ kts sts  nθs
```

1 Listening

The topic of this recording is similar to Philip's (Chapter 4). You will hear Richard asking Rachel about her time as a student at Oxford. But Richard does not know Rachel as well as he knows Philip – the questioning is a bit more formal – at times, it is more like a radio interview than a conversation.

Show exercise ...

1 Rachel studied one subject at Oxford
    A *True*   B *False*

2 There were many students on her course
    A *True*   B *False*

3 Why was she 'farmed out'?
    A *To study Agriculture*   B *To get the teaching that she needed*

Don't turn over. Think carefully about the answers. Below, write down the words which led you to your answers.

> *write your notes here*

How does this help?   Writing words now, before you see them, will help you recognise and understand words when listening in everyday life.

2.1 One subject?

The answer is B *False*. Tick this box if you got the right answer. ☐

<table>
<tr><td rowspan="11">Note
Notice the up arrows in 006, and 007 and the down arrow in 008. These show the steps up (high key) and down (low key) that Rachel makes while speaking. We will look at key in Section 3.</td><td>006 // ↗ it's a (↑MULtidisciplinary deGREE</td><td>// 118</td><td>324 spm</td></tr>
<tr><td>007 // → er (↑PART SOcial science</td><td>// 202</td><td>303 spm</td></tr>
<tr><td>008 // ↘ and PART bio↓LOgical science</td><td>// 181</td><td>361 spm</td></tr>
<tr><td>009 // → so i DID</td><td>// 427</td><td>427 spm</td></tr>
<tr><td>010 // ↘ a whole RANGE of subjects</td><td>// 259</td><td>311 spm</td></tr>
<tr><td>011 // → ranging from SOciOlogy</td><td>// 142</td><td>379 spm</td></tr>
<tr><td>012 // → SOcial anthroPOlogy</td><td>// 130</td><td>457 spm</td></tr>
<tr><td>013 // → deVElopmental psyCHOlogy</td><td>// 072</td><td>322 spm</td></tr>
<tr><td>014 // → HUman</td><td>// 080</td><td>160 spm</td></tr>
<tr><td>015 // ↘↗ geOgraphy</td><td>// 069</td><td>275 spm</td></tr>
<tr><td>016 // → geNEtics</td><td>// 060</td><td>180 spm</td></tr>
</table>

 Speed in syllables per minute …

Note
These speech units contain many long words – the longest is seven syllables (multidisciplinary). If we were to measure speed in syllables per second, the speed would be much higher. Notice in particular 012 & 013 each of which have only two words and have slow speeds in words per minute, but high in syllables per minute (spm).

 Dictionary Pronuncications…

Compare the dictionary pronunciations of the words below with the forms they have in the speech units above.

// ↘ DISciPLInary //	// ↘ ANthroPOlogy //
// ↘ MUltidisciPLInary //	// ↘ SOcial anthroPOlogy //
// ↘ SOcial //	// ↘ deVElopMENtal //
// ↘ SCIence //	// ↘ psyCHOlogy //
// ↘ SOcial SCIence //	// ↘ deVElopmental psyCHOlogy //
// ↘ BIoLOgical //	// ↘ HUman //
// ↘ bioLOgical SCIence //	// ↘ geOgraphy //
// ↘ SOciOlogy //	// ↘ HUman geOgraphy //
	// ↘ geNEtics //

How many words have two prominences in the dictionary pronunciations, but only one in the speech units above?

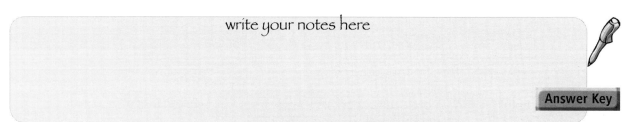

write your notes here

Answer Key

2.2 Many Students?

The answer is B *False*. Tick this box if you got the right answer. ☐

```
068 //  → ERM                                      // 059
069 //  ↗ as ↑HUman SCIences is                    // 240
070 //  ? ...is a SMALL...                          // 181
071 //  ↘↗ it it's a VEry SMALL GROUP of STUdents  // 248
072 //  ↗ when I was THERE                          // 462
073 //  → there were NO more than TWENty FIVE       // 247
074 //  ↘ Every YEAR                                // 135
075 //  ↗ AND                                       // 177
076 //  ↘↗ EACH COllege                            // 200
077 //  ↘↗ that HAD human scientists               // 240
078 //  ↘↗ had ONE TUtor                           // 189
079 //  ? ...who...                                 // 343
080 //  ↘ who looked ↓AFter us                      // 216
```

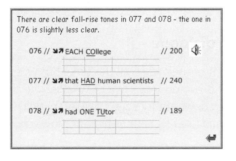

Compare the dictionary form of 'human scientists' with the non-prominent form in 077.

```
        //  ↘ HUman SCIentists          //        ◀
077 //  ↘↗ that HAD human scientists  // 240      ◀      ↵
```

The dictionary form of 'human scientists'...

The fall-rise tones in 077 and 078...

Draw the intonation curves.

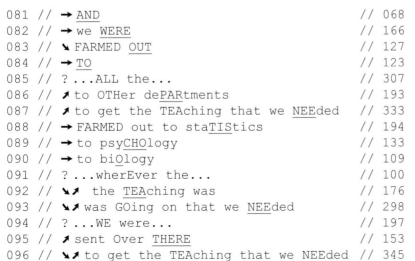

There are clear fall-rise tones in 077 and 078 - the one in 076 is slightly less clear.

```
076 //  ↘↗ EACH COllege          // 200

077 //  ↘↗ that HAD human scientists  // 240

078 //  ↘↗ had ONE TUtor          // 189
```

Answer Key

2.3 Why 'farmed out'?

The answer is B *To get the teaching that she needed*. Tick this box if you got the right answer. ☐

```
081 //  → AND                                      // 068
082 //  → we WERE                                   // 166
083 //  ↘ FARMED OUT                                // 127
084 //  → TO                                        // 123
085 //  ? ...ALL the...                             // 307
086 //  ↗ to OTHer dePARtments                      // 193
087 //  ↗ to get the TEAching that we NEEded        // 333
088 //  → FARMED out to staTIStics                  // 194
089 //  → to psyCHOlogy                             // 133
090 //  → to biOlogy                                // 109
091 //  ? ...wherEver the...                        // 100
092 //  ↘↗  the TEAching was                       // 176
093 //  ↘↗ was GOing on that we NEEded             // 298
094 //  ? ...WE were...                             // 197
095 //  ↗ sent Over THERE                           // 153
096 //  ↘↗ to get the TEAching that we NEEded      // 345
```

Note

Notice that there is a list of subjects in 088-090. Textbook rules normally predict that the intonation of this list would go as follows, with rising tones and a final falling tone:

```
// ↗ FARMED out to staTIStics//
// ↗ to psyCHOlogy//
// ↘ to biOlogy//
```

Lists in spontaneous speech often do not follow this neat pattern.

3.1 Notice high and low key in dialogue – I

Listen to the speech units below. Richard asks Rachel about her degree course. Notice the up-arrows in front of 'study' in 031 and in front of 'no' in 033; notice also the down-arrow in 034 in front of 'course' These arrows indicate that the speaker makes a significant step upwards (high key), or downwards (low key) on the following syllable.

Richard

```
025 // ➜ it SOUNDS like ER                      // 191
026 // ↘↗  a HUGE MIXture                        // 148
027 // ↘ of DISparate THINGS                     // 219
028 // ? ...it was it...                         // 391
029 // ? ...was it ...                           // 180
030 // ? ...a coHErent...                        // 086
031 // ↘ COURSE of ↑STUdy do you think           // 278
```

Rachel

```
032 // ➜ ITS                                     // 038
033 // ➜ ↑NO more DISparate                      // 123
034 // ↘ than ANy other MOdular ↓COURSE          // 174
```

> **Note**
> 'Disparate' in 027 and 033 means 'not fitting well together'.

> **Note**
> 'Coherent' in 030 means 'fitting well together'.

> **Note**
> 'Modular' in 034 means 'consisting of different parts'.

Speakers use high and low key to help structure what they say, and to engage the listener in what they are saying.

3.2 Notice high and low key in dialogue – II

Speakers make small changes in the height of their voice all the time. But when they choose *high* or *low key*, they choose to make a distinct step up or down on a prominent syllable. We show this by placing an up-arrow (for a step up) or a down-arrow (for a step down) before the syllable on which it happens. When there is no arrow, it means the speaker is making a *mid* (that is, neither high nor low) choice.

Richard: 029 // ? ...was it ...	// 180	incomplete - no prominences
030 // ? ...a coHErent...	// 086	incomplete - one prominence, mid key
031 // ↘ COURSE of ↑STUdy do you think	// 278	mid key on 'course', high key (plus falling tone) on the first syllable of 'study'
Rachel: 032 // ➜ IT'S	// 038	mid key
033 // ➜ ↑NO more DISparate	// 123	high key on 'no', mid key (plus level tone)on the first syllable of 'disparate'
034 // ↘ than ANy other MOdular ↓COURSE	// 174	mid key on the first syllables of 'any' and 'modular', low key (plus falling tone) on 'course'

3.2 Notice high and low key in dialogue – II *continued*

Speech unit 031 ...

Let us take speech units 031 and 033 to hear how they would sound with different choices of key.
For 031, we keep 'course' at mid key, and vary the choice on 'study'.

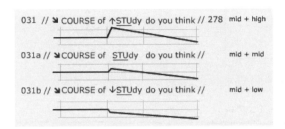

Notice that in 031a – which has mid key on 'study' – there is the expected slight jump up at the start of the falling tone on 'study'. But this is much smaller than the distinct step up in 031.

Speech unit 033 ...

For 033, we keep 'disparate' at mid key, and vary the choice on 'no'. We'll start off
with 032 each time, in order to give us a reference point (mid).

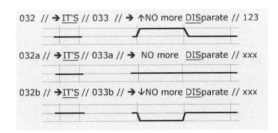

3.3 Observe and imitate high and low key in dialogue – Exercise 2

In speech units 102-106 there are nine prominences: four have high key, one has low key, four have
mid key. Draw up-arrows in front of the syllables which have high key, and down-arrows in front of the
syllables with low key. The first one is done for you.

Richard
101 // ↘   DID you have a ↑HAppy time   // 200
102 // ↘ at saint CAT'S   // 214
Rachel
103 // ↘   YES   // 122
104 // ↘   YES i   DID   // 282
105 // ↘   YEAH   // 199
106 // ↘   i   REAlly en JOYED it   // 240

3.4 Answer to Exercise 2   →   Answer Key

What score did you get? Write it here. ☐

3.5 Observe fast speech

As usual we are interested in the relationship between fast and slow speech. The two fastest units are 072 and 051. Compare the slow and fast versions of these units.

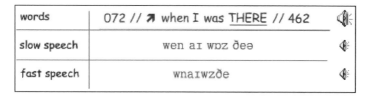

words	072 // ↗ when I was THERE // 462
slow speech	wen aɪ wɒz ðeə
fast speech	wnaɪwzðe

The vowels in 'when' and 'was' almost completely disappear,
and the diphthong in 'there' reduces to /e/.

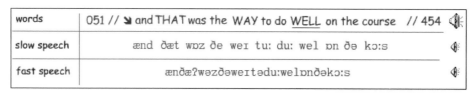

words	051 // ↘ and THAT was the WAY to do WELL on the course // 454
slow speech	ænd ðæt wɒz ðe weɪ tu: du: wel ɒn ðe kɔ:s
fast speech	ænðæʔwəzðeweɪtedu:welɒnðekɔ:s

'And' and 'that' lose their final consonants with a glottal stop at the end of 'that':
the vowels of 'was' and 'to' reduce to schwa /ə/.

4.1 Listen to consonant clusters

In this chapter, and the next, we will focus on *consonant clusters*, when two consonants occur together in the same syllable. For work on three consonant clusters, go to the 'Cluster-Buster' section in Chapter 9.

When working with clusters, it is important not to be distracted by the spelling. Look at and listen to, speech unit 069:

```
069 // ↗ as ↑HUman SCIences is //          240
```

Let us divide it into syllables:

```
069 // as | hu | man | sci | en | ces | is //
```

Click on the individual syllables and hear them cut out of the stream of speech. Cutting them out of the stream of speech makes them sound very ugly, and introduces electronic clicks. Listening to the streamed version is so much better.

The spelling of 'human' suggest that there is only one consonant, /h/ but there are two sounds /h/ and /j/: /hju:mən/.

The spelling suggests that there is a consonant cluster in 'sci' – but there isn't: it is one sound /s/ at the beginning of the word /saɪensɪz/.

4.2 Identify consonant clusters I – Exercise 3

Now it is your turn to identify consonant clusters.

Listen to speech units 001-002 and 088-089 and tick the boxes below the consonant clusters that you hear.

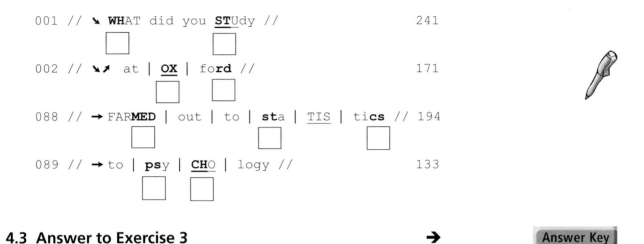

001 // ↘ **WH**AT did you **ST**Udy //   241

002 // ↘↗ at | **OX** | fo**rd** //   171

088 // → FAR**MED** | out | to | **st**a | **TIS** | ti**cs** // 194

089 // → to | **ps**y | **CH**O | logy //   133

4.3 Answer to Exercise 3   →   Answer Key

What score did you get? Write it here.

4.4 Identify consonant clusters II – Exercise 4

Listen to the words in the table below. Write the symbols in the boxes next to the words that contain the clusters. Some of them occur at the beginning, some at the end of words. The first one is done for you.

	lf	br	lθ	md
fr	kl	st	ts	ndʒ
gr	ld	tw	ks	tr
hj	nt	kr	st	kw

blackthorn	bl	self	
British		health	
friends		farmed	
great		range	
human		don't	
close		statistics	
crafts		exist	
statistics		training	
quite		parts	
world		between	

4.5 Answer to Exercise 4   →   Answer Key

What score did you get? Write it here.

4.6 Pronunciation at speed

Listen to each speech unit, and repeat it at the same time and speed. When you are ready, click on the microphone icon and record your version of each unit.

br	R204. more or less **BR**Itish style of	309
bl	M021. the **BLACK**thorn bush	180
gr/fr	R130. a **GR**EAT big group of ↓**FR**IENDS	180
kl	R212. **CL**OSE enough	138
ts/kr	C030. AR**TS** and **CR**AFTS	205
kw	R192. in **QU**ITE the same FORM anymore	311
tr	R199. need **TR**AIning in such areas	232
tw	R041. be**TW**EEN the different Elements	179
md/st/ks	R088. FAR**MED** out to sta**TIS**ti**cs**	194
ts/ld	R197. for PEOple from different PAR**TS** of the WOR**LD**	270
lf	R173. what to DO with my**SELF**	299
lθ	R160. called the VOluntary HEA**LTH** associAtion	166
ndʒ	R010. a WHOLE RA**NGE** of subjects	259
nt/st	R191. DON'T eXI**ST**	112
hj	R069. as **HU**man SCIences is	240

All but two of the speech units come from Rachel's recording: C030 comes from Corony's, and M021 comes from Maggie's recording.

Self-assessment I

I have pronounced most ...	Yes	No	Try Again
... clusters accurately			
... clusters on time			
... prominences clearly			
... non-prominences softly			
... speech units at original speed			

5.1 Consonant clusters – Exercise 5

This answer contains two examples of low key, which are marked (of course) with a down-arrow. But can you identify consonant clusters?

Circle the consonant clusters. The first one is done for you.

```
124 //  → I                                // 030
125 //  ↘ 'MNOT a GREAT JOIner             // 083

127 //  → i HAD a                          // 399
128 //  ↘ a LIVEly social life             // 145
129 //  → AND                              // 094
130 //  ↘ a GREAT big group of ↓FRIENDS    // 180

132 //  ↘ i'm NOT a great joiner           // 222
133 //  ↘↗ and MAINly                       // 182
134 //  → i just DID my own ↓THING         // 251
```

Note
'I am not a great joiner' in 125 means 'I don't like joining clubs' 'or 'I'm not the sort of person that joins clubs'.

Note
'I …did my own thing' means 'I pleased myself'

5.2 Answer to Exercise 5   →   **Answer Key**

What score did you get? Write it here. ☐

5.3 Streaming Speech – listen and imitate

Listen to the speech units below in which Richard and Rachel use some of the clusters we have been working with. Imitate all of its features paying particular attention to down arrows (low key).

```
Richard  118 //  → did YOU                      // 120
         119 //  ↗ join CHOIRS                   // 147
         120 //  → the DRAma soCIety             // 204
         121 //  → ↓OR                           // 150
         122 //  → GO to the UNion               // 343
         123 //  → ↓OR                           // 060
Rachel   124 //  → I                             // 030
         125 //  ↘ 'MNOT a GREAT JOIner          // 083
         126 //  ↗ i HAVE to SAY                 // 313
         127 //  → i HAD a                       // 399
         128 //  ↘ a LIVEly social life          // 145
         129 //  → AND                           // 094
         130 //  ↘ a GREAT big group of ↓FRIENDS // 180
         131 //  → BUT                           // 090
         132 //  ↘ i'm NOT a great joiner        // 222
         133 //  ↘↗ and MAINly                    // 182
         134 //  → i just DID my own ↓THING      // 251
```

Self-assessment II

I have pronounced most …	Yes	No	Try Again
… clusters on time			
… prominences clearly			
… non-prominences softly			
… low key accurately			
… speech units at original speed			

6 Review

There were five on-screen
exercises in this chapter.
Write your scores in the table.

Exercise 1	
Exercise 2	
Exercise 3	
Exercise 4	
Exercise 5	

Look again at the goals of this chapter, and assess your progress.

to use stress in long words (Section 2.1)			
Yes I have done this		I need to come back to this	
to pronounce consonant clusters in isolated words and speech units			
Yes I have done this		I need to come back to this	
to use high and low ranges of your voice (Section 3.1)			
Yes I have done this		I need to come back to this	
to use listing intonation (Section 2.3)			
Yes I have done this		I need to come back to this	
practise speaking at speeds up to 462 words per minute (Section 3.5)			
Yes I have done this		I need to come back to this	

write your notes here

My greatest success in this chapter was:

write your notes here

The most difficult part of the chapter was:

CHAPTER EIGHT

Banana Mush

Welcome

Welcome to Chapter 8 of *Streaming Speech*. In this chapter we will be working with Terry, a university lecturer who was born in Dublin. He has worked in Portugal, Japan, and Brazil

Goals

The goals of this chapter are to improve your ability:

- to pronounce consonant clusters in isolated words and in speech units
- to use many discourse features (repetition, listing, high pitch) to tell an anecdote
- to listen to a non-standard accent of English
- to handle speeds up to 449 words per minute

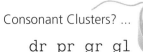

Consonant Clusters? ...

dr pr gr gl
ŋk vd dz kt

1. Listening

In this chapter, Terry talks about the time he worked on a banana plantation in Brazil with an 'old Japanese guy'. You will hear parts 5 and 6 of the recording, in which Terry describes his experiences cutting down and carrying bananas.

Show exercise ...

1 After bananas are cut, what happens to the banana tree?
      A *It is cut down*   B *It is left alone*

2 What type of spiders come from the banana trees?
      A *Harmless, small*   B *Big, dangerous*

3 Terry is fitter than the old Japanese guy.
      A *True*   B *False*

Don't turn over. Think carefully about the answers. Below, write down the words which led you to your answers.

write your notes here

| How does this help? | Writing words now, before you see them, will help you recognise and understand words when listening in everyday life. |

2.1 What happens to the banana tree?

The answer is A *It is cut down*. Tick this box if you got the right answer. ☐

```
085 // ↘ big BUNches of                                         // 145
086 // → of baNANas grow on a HOOK                               // 271
087 // ↗ and the HOOK comes from OUT                             // 299
088 // ? ...SIDE from the...                                     // 180
089 // ↘↗ ↑CENtre                                                // 060
090 // ? ...of the...                                            // 265
091 // → of THE                                                  // 270
092 // ↘ ACtual TRUNK                                            // 120
093 // → SO                                                      // 073
094 // → WHAT you DO is                                          // 449
095 // ↘↗ you ↑CUT the HOOK                                      // 198
096 // ↘↗ SO that you can HANG it over                           // 321
097 // ↘ your SHOULder                                           // 339
098 // → ERM                                                     // 143
099 // ↘ and THEN you have to CUT down the TREE                  // 347
100 // ? ...because...                                           // 147
101 // ↘ tree's no USE anymore                                   // 217
102 // → you cut it DOWN and the ROOTS grow into aNOther tree    // 282
```

Correction and repetition …

Terry corrects himself in 089, replacing 'side' (088) with 'centre'. He then repeats 'of the' to help himself get going again.

2.2 What type of spiders?

The answer is B *Big, dangerous*. Tick this box if you got the right answer. ☐

```
103 // ↘ when you CUT it DOWN all these    // 299
104 // ↘ HUGE giGANtic                     // 084
105 // ↘ disGUSting and                    // 120
106 // ↘ POIsonous SPIders                 // 099
107 // ↘ FALL all Over you                 // 214
108 // ↘ and BITE you and                  // 240
109 // ↗ you COME out in LUMPS             // 248
110 // ↗ and you GET all SWOllen           // 300
111 // ↘↗ and your FACE is like a FOOTball // 297
112 // ? ...but you you...                 // 422
113 // ↘ you deVElop immUNIty after a while // 226
```

Skilful repetitions …

Terry is a very skilful teller of anecdotes. He repeats a meaning in different words ('huge gigantic') but he does so in ways which add to the enjoyment of the anecdote ('you come out in lumps, and you get all swollen, and your face is like a football).

Rising and falling tones in lists …

There are two lists: a four adjective list - 'huge, gigantic, disgusting, and poisonous...' which contains falling tones; and a three clause list – 'you come out in lumps, and you get all swollen, and your face is like a football' which contains mostly rising tones.

2.3 Terry is fitter?

The answer is B *False*. Tick this box if you got the right answer.

125 // ↘ and THERE i am in my PRIME i mean	// 310
126 // ↗ in my TWENties early TWENties	// 199
127 // → and i PUT	// 230
128 // ↘↗ a HOOK of baNAnas on ONE shoulder	// 209
129 // ↘↗ and i put aNOther one on aNOther shoulder and	// 297
130 // ↘ i'd be PRACtically falling over BACKwards	// 163
131 // ↘↗ MEANwhile	// 092
132 // ↘ this OLD japa↑NESE guy	// 242
133 // ↘↗ who was SIXty years ↑OLD	// 196
134 // ↘ would put ↑ONE hook of bananas	// 292
135 // ↗ on one SHOULder	// 208
136 // ↘↗ ↑ONE on aNOther shoulder	// 137
137 // ↘ and TWO on his ↑HEAD	// 271
138 // ↘ and and and WALKED down the MOUNtain	// 225
139 // ↘ you know VEry STEAdily whereas	// 214
140 // ↘↗ I'D FALL	// 146
141 // ↘↗ so that by the time i'd GOT to the BOttom of the MOUNtain	// 396
142 // → the baNANas would beCOME erm	// 156
143 // ↘ sort of baNAna MUSH	// 240

> **Note**
> 'In my prime' means the time of life when you are most fit and active; 'practically' means 'almost'; 'mush' means a thick soft paste.

2.4 Terry's accent

The main influence in Terry's accent is the city of his birth, Dublin, Ireland. I (Richard) was also born in Dublin, but the main influence on my accent is my educational background (British Public School). During my time at school, I lost my Irish accent.

001 // → i HAD this FRIEND	// 122
002 // ↘ who OWNED a FARM	// 268
003 // ↘ on the COAST	// 227
004 // ↗ up aLONG	// 144
005 // → NEAR	// 145
006 // → WHERE THE	// 166
007 // ↘ what they call the MAta atLANtica	// 316
008 // ↘ which is a NAtional PARK of	// 237
009 // → oRIginal FOrest lands	// 132
010 // ↗ on the COAST	// 191
011 // ↘ and he had this FAbulous huge FARM	// 239
012 // ↘ that he'd BOUGHT from a japanESE guy	// 238

What differences do you notice between Terry's, and Richard's accents? Write down the words that sound most different to you.

write your notes here

Answer Key

3.1 Telling an anecdote – notice high key

In his recording, Terry tells an anecdote – a story about his experiences on a banana farm. As with many anecdotes, it is a story which involves a humourous incident against himself.

```
052 //  ↘ and HE'D spent ↑ALL of his        // 213
053 //  ↘ LIFE                               // 189
054 //  ↘↗ in the JUNgle                     // 282
055 //  ↘ in braZIL                          // 210
056 //  ↘↗ this japaNESE guy                 // 216
057 //  ↘↗ since he CAME Over                // 250
058 //  ↘ at the age of FIFTEEN              // 268
059 //  → AN ER                              // 065
060 //  ↘ he'd NEver had much CONtact with braZILians  // 192
061 //  ? ...so he he...                     // 497
062 //  ↘ his PORtuguese was really BAD      // 213
063 //  ↘ it was WORSE than MINE             // 300
064 //  ↘ after FORty YEARS                  // 180
065 //  → it was WORSE than my               // 369
066 //  ↘ FOUR years of                      // 239
067 //  ↘↗ of ↓PORtuguese                    // 136
```

The relationship between sentence structure and speech units ...

Notice the relationship between sentence structure and speech units. In 052 & 053 Terry uses two falling tones (therefore two speech units) on the phrase 'all of his life'. And the phrase 'my four years of Portuguese' is spread over three speech units. Terry does this to highlight the main points of comparison between himself and 'the old Japanese guy'. Terry's attention is on effective communication rather than on grammatical rules.

3.2 Observe high key – Exercise 2

There are five choices of high key in 132-137. Draws the arrows in the boxes below the syllables where you hear high key

```
132 //  ↘ this OLD japaNESE guy         // 242
             □
133 //  ↘↗ who was SIXty years OLD      // 196
               □              □
134 //  ↘ would put ONE hook of bananas // 292
                    □
135 //  ↗ on one SHOULder               // 208
                  □
136 //  ↘↗ ONE on aNOther shoulder      // 137
          □
137 //  ↘ and TWO on his HEAD           // 271
            □            □
```

3.3 Answer to Exercise 2   →   Answer Key

What score did you get? Write it here. □

3.4 Consonant clusters in fast speech

Consonant clusters are often easier to pronounce in the stream of speech than in isolation. In Rachel's recording (Chapter 7), the consonant cluster at the end of 'farmed' is followed by the vowel at the beginning of 'out'. Notice that the /d/ at the end of 'farmed' can be added on to the beginning of 'out': 'farm dout'.

```
R 084 // ↘ FARMED OUT // 127
R 089 // → FARMED out to staTIStics // 194
```

Listen to two speech units from Terry's recording which have consonant clusters: speech unit 060 has a cluster in the word 'contact'; and speech unit 018 has a cluster in the word 'asked'. Compare the paused versions with Terry's orginal versions

060a // HE'D NEver HAD MUCH CONtact WITH braZILians //   ◀

060 // ↘ he'd NEver had much CONtact with braZILians   // 192 ◀

words	he'd never had much contact with brazilians
paused speech	hiːd nevə hæd mʌtʃ kɒntækt wɪð brəzɪljənz
fast speech	hiːdnevəhædmʌtʃkɒntækwɪðbrəzɪljənz

What you should hear ...

Note. The /t/ in the consonant cluster /kt/ in 'contact' is dropped, and the /k/ is not fully uttered. This is a feature of streamed speech in all accents of English, including the standard accent.

Listen to 018 ...

018a // HE ASKED ME IF I WANted TO GO AND RUN THE FARM //   ◀

018 // ↘ he ASKED me if i wanted to GO and run the ↑FARM   // 328 ◀

words	he asked me if I wanted to go and run the farm
paused speech	hiː ɑːskt miː if aɪ wɒntɪd tuː gəʊ ænd rʌn ðə faːm
fast speech	hiːɑːsmiːfæwɒnɪdtəgəʊənrʌnðəfaːrm

Both the / k / and the / t / in the consonant cluster /kt/ in 'asked' are dropped. This happens in many accents of English, not just Terry's.   ↩

4.1 Identify consonant clusters – Exercise 3

Write the symbols in the boxes next to the words which contain the clusters. Some of them occur at the beginning, some at the end of words. The first one has been done for you.

st	gl	sw
kt	hj	dz	pr
ŋk	sp	mj	pl
nt	vd	sm	gr

drag	dr	**small**	
glory		**spent**	
grow		**spiders**	
huge		**steadily**	
immunity		**swollen**	
moved		**trunk**	
pleasure		**walked**	
problem		**weeds**	

4.2 Answer to Exercise 3 → Answer Key

What score did you get? Write it here. ☐

4.3 Pronunciation at speed

Listen to each speech unit, and repeat it at the same time and speed. When you are ready, click on the microphone icon and record your version of each unit.

dr	T073. **DR**AG me out of BED	227
pl	R111. with GREAT **PL**EAsure	180
pr	T029. the ONly **PR**Oblem with em	178
gr	T084. you know the way baNAnas **GR**OW	360
gl	P079. Kudos and **GL**Ory	125
hj	T104. **H**UGE giGANtic	084
mj	T113. you deVElop im**M**UNIty after a while	226
sm	R071. it it's a VEry **SM**ALL GROUP of STUdents	248
sp	T106. POIsonous **SP**Iders	099
st	T139. you know VEry **ST**EAdily whereas	214
sw	T110. and you GET all **SW**Ollen	300
dz	T033. because they ↓GROW like WEE**DS**	206
kt	T117. and WAL**KED**	139
ŋk	T092. ACtual TRU**NK**	120
nt	T052. and HE'D spe**nt** ALL of his	213
vd	T019. so i MO**VED** into THIS em	205

Most of the speech units come from Terry's recording, but R112 and R070 come from Rachel, and P079 comes from Philip.

Self-assessment I

I have pronounced most ...	Yes	No	Try Again
... clusters accurately			
... clusters on time			
... prominences clearly			
... non-prominences softly			
... speech units at original speed			

5.1 Consonant clusters – Exercise 4

Can you identify the consonant clusters in the following speech units? Write the symbols in the boxes below the syllables containing clusters.

Note
The 'wh' in 'while is normally one sound – /w/

104 // ↘ HUGE giGANtic	// 084
105 // ↘ disGUSting and	// 120
106 // ↘ POIsonous SPIders	// 099
109 // ↗ you COME out in LUMPS	// 248
110 // ↗ and you GET all SWOllen	// 300
113 // ↘ you deVElop immUNIty after a while	// 226

sw
mps
mj
sp
hj

5.2 Answer to Exercise 4 ➜ Answer Key

What score did you get? Write it here.

5.3 Streaming Speech – listen and imitate

Listen to the speech units below in which Terry uses some of the clusters we have been working with. Imitate all of its features paying particular attention to the tones in the four adjective list ('huge, gigantic, disgusting, poisonous') and the three clause list ('you come out in ... you get all ... and your face...').

```
103 // ↘ when you CUT it DOWN all these        // 299
104 // ↘ HUGE giGANtic                          // 084
105 // ↘ disGUSting and                         // 120
106 // ↘ POIsonous SPIders                      // 099
107 // ↘ FALL all Over you                      // 214
108 // ↘ and BITE you and                       // 240
109 // ↗ you COME out in LUMPS                  // 248
110 // ↗ and you GET all SWOllen                // 300
111 // ↘↗ and your FACE is like a FOOTball      // 297
112 // ? ...but you you...                       // 422
113 // ↘ you deVElop immUNIty after a while     // 226
```

Self-assessment II

I have pronounced most ...	Yes	No	Try Again
... clusters on time			
... prominences clearly			
... non-prominences softly			
... tones in the lists accurately			
... speech units at original speed			

6 Review

There were four on-screen
exercises in this chapter.
Write your scores in the table.

Exercise 1.	
Exercise 2.	
Exercise 3.	
Exercise 4.	

Look again at the goals of this chapter, and assess your progress.

to pronounce consonant clusters in isolated words and in speech units			
Yes I have done this		I need to come back to this	
to use many discourse features (repetition, listing, high pitch) to tell an anecdote			
Yes I have done this		I need to come back to this	
to listen to a non-standard accent of English			
Yes I have done this		I need to come back to this	
to handle speeds up to 449 words per minute			
Yes I have done this		I need to come back to this	

write your notes here

My greatest success in this chapter was:

write your notes here

The most difficult part of the chapter was:

CHAPTER NINE

Segments Workshop

Choose one of the speakers as a vocal model to help you improve your pronunciation of the vowels and consonants of English.

Corony   Gail   Maggie

Philip   Geoff   Bob

Choose the voice you like best to work on the vowels and consonants of English. It is best to do this after working through Chapters 1-6, as you will then know the context for each speech unit.

Work with Corony on pages 86 and 87
Work with Gail on pages 88 and 89
Work with Maggie on pages 90 and 91
Work with Philip on pages 92 and 93
Work with Geoff on pages 94 and 95
Work with Bob on pages 96 and 97

How does this help?
You can work with a voice that you like.

When you have chosen a speaker to work with, you will find that the vowels and consonants are in four groups, with a table for each group, just as in Section 4.4 of Chapters 1-6

Vowels:

● Group I   ɪ e æ ʌ ɒ ʊ iː ɜː ɑː ɔː uː

● Group II   ɪə eə ʊə eɪ aɪ ɔɪ əʊ aʊ

Consonants:

● Group I   p t k b d g m n ŋ w j h

● Group II   f v s z ʃ tʃ dʒ ʒ θ ð l r

If you want to work on the consonant clusters of English, you will work with a variety of speakers. Find the 'Cluster Buster' tables on pages 98 to 99.

Cluster-buster

Corony – Vowel Group I

Listen
Imitate
Record
Compare

Listen to each speech unit, and repeat it at the same time and speed as Corony. When you are ready, click on the microphone icon and record your version of each unit.
If you find this difficult, go back to Chapter 1, and work through Section 4.

ɪ	019. DRAma and that kind of **THING**	282
e	040. my OWN business as a **TEX**tile artist	227
æ	008. which i **RAN**	180
ʌ	037. MADE quite a bit of **MO**ney	330
ɒ	055. it was **OB**viously very **PO**pular	266
ʊ	094. and ACtually **PU**tting the things	233
i:	035. **THREE** nights a **WEEK**	230
ɜ:	028. PART time **WORK**	097
ɑ:	101. **STAR**ted doing more **PART**time TEAching	134
ɔ:	090. DO all the **BO**ring bits	270
u:	121. to **DO** it PARTtime	240

Corony – Vowel Group II

Listen
Imitate
Record
Compare

ɪə	052. in the FIRST couple of **YEARS**	274
eə	026. i STAYED up **THERE**	240
ʊə	124. which was a BIT more se**CURE**	232
eɪ	069. and perhaps AREN'T prepared to **PAY** for them	338
aɪ	120. deCIded i **MIGHT** continue	191
ɔɪ	041. so i was SELF em**PLOYED**	193
əʊ	054. but i **SOLD** a lot of things	373
aʊ	108. to **SOUTH**east Asia	151

Assess yourself

I have pronounced ...	Yes	No	Try Again
... the vowels accurately			
... the vowels on time			
... the prominences clearly			
... the non-prominences softly			
... the speech units at original speed			

Corony – Consonant Group I

Listen
Imitate
Record
Compare

p	055. it was OBviously very POpular	266
t	029. TEAching	071
k	079. in CORNwall	177
b	059. but QUITE BIG pieces	225
d	066. a LOT of people DON'T have ROOM on their walls	297
g	086. if i was GOing to make a BUSiness out of it	278
m	037. MADE quite a bit of MOney	330
n	042. doing a NUMber of THINGS	195
ŋ	019. DRAma and that kind of THING	282
w	067. for LARGE WALLhangings	141
j	052. in the FIRST couple of YEARS	274
h	015. a WHOLE lot of EVEning classes	258

Corony – Consonant Group II

Listen
Imitate
Record
Compare

f	022. when i FINished at uniVERsity	134
v	002. i was VEry inVOLVED	164
s	041. so i was SELF emPLOYED	193
z	086. if i was GOing to make a BUSiness out of it	278
ʃ	063. CUSHions and TAblecloths	143
tʃ	116. i THINK i CHICkened OUT	264
dʒ	067. for LARGE WALLhangings	141
ʒ	G095. but they are USually on STILTS	241
θ	116. i THINK i CHICkened OUT	264
ð	097. and THAT was quite a comMITment	180
l	082. and took LOTS of ORders	233
r	066. a LOT of people DON'T have ROOM on their walls	297

Assess yourself

I have pronounced ...	Yes	No	Try Again
... the consonants accurately			
... the consonants on time			
... the prominences clearly			
... the non-prominences softly			
... the speech units at original speed			

Gail – Vowel Group I

Listen
Imitate
Record
Compare

Listen to each speech unit, and repeat it at the same time and speed as Gail. When you are ready, click on the microphone icon and record your version of each unit.
If you find this difficult, go back to Chapter 2, and work through Section 4.

ɪ	066. he's HAving a house **BUILT** for her	302
e	073. so he's ON the move a**GAIN**	142
æ	064. **HA**ving **SOLD** her house	162
ʌ	051. for the **MO**ney he's going to MAKE	325
ɒ	C055. it was **OB**viously very **PO**pular	266
ʊ	026. he's VEry **GOOD**	123
iː	011. he **SEEMS** to move HOUSE	159
ɜː	037. he can **TURN** his HAND to ANything	209
ɑː	079. so they had LOVEly **PAR**ties in this **BALL**room	193
ɔː	018. he TOOK me on a TRIP round **AUCK**land	237
uː	063. **MOVED** in to LIVE with them	360

Gail – Vowel Group II

Listen
Imitate
Record
Compare

ɪə	072. to be **NEAR** her	240
eə	020. the **VA**rious HOUses	115
ʊə	C124. which was a BIT more se**CURE**	232
eɪ	056. he's **EIGH**ty TWO	189
aɪ	067. which she'll MOVE into in **FIVE** months **TIME**	221
ɔɪ	019. and KEPT **POIN**ting out	213
əʊ	064. **HA**ving **SOLD** her house	162
aʊ	029. so he BUYS a **HOUSE**	166

Assess yourself

I have pronounced ...	Yes	No	Try Again
... the vowels accurately			
... the vowels on time			
... the prominences clearly			
... the non-prominences softly			
... the speech units at original speed			

Gail – Consonant Group I

Listen
Imitate
Record
Compare

p	019. and KEPT POINting out	213
t	018. he TOOK me on a TRIP round AUCKland	237
k	055. he's CUrrently THINking of MOving aGAIN	226
b	029. so he BUYS a HOUSE	166
d	090. they ↑DON'T LIVE in high ↓HOUses	228
g	026. he's VEry GOOD	123
m	051. for the MOney he's going to MAKE	325
n	070. live in her NEW house	281
ŋ	091. they live in BUNgalows	240
w	060. is REcently WIdowed	117
j	013. THREE YEARS or so	159
h	066. he's HAving a house BUILT for her	302

Gail – Consonant Group II

Listen
Imitate
Record
Compare

f	067. which she'll MOVE into in FIVE months TIME	221
v	023. VEry beWILdering	109
s	011. he SEEMS to move HOUSE	159
z	058. HIS DAUGHter	120
ʃ	068. and when SHE moves OUT	239
tʃ	031. ADDS a PORCH	180
dʒ	062. has JUST	221
ʒ	095. but they are Usually on STILTS	241
θ	013. THREE YEARS or so	159
ð	051. for the MOney he's going to MAKE	325
l	063. MOVED in to LIVE with them	360
r	060. is REcently WIdowed	117

Assess yourself

I have pronounced ...	Yes	No	Try Again
... the consonants accurately			
... the consonants on time			
... the prominences clearly			
... the non-prominences softly			
... the speech units at original speed			

Maggie – Vowel Group I

Listen
Imitate
Record
Compare

ɪ	011. AT the be**GI**nning of **AU**tumn	151
e	047. be **AB**le to **GET** some	300
æ	011. **AT** the be**GI**nning of AUtumn	151
ʌ	017. in the **COUN**tryside	130
ɒ	033. and GO back to the **CO**ttage	243
ʊ	032. some **SU**gar	120
iː	004. i'm **GO**ing to **BE**	240
ɜː	059. **REAL**ly **PO**sitively **VIR**tuous	139
ɑː	002. a**PART** from **THAT**	190
ɔː	011. AT the be**GI**nning of **AU**tumn	151
uː	019. the **SLOE** is of course of the **FRUIT**	365

Listen to each speech unit, and repeat it at the same time and speed as Maggie. When you are ready, click on the microphone icon and record your version of each unit.
If you find this difficult, go back to Chapter 3, and work through Section 4.

Maggie – Vowel Group II

Listen
Imitate
Record
Compare

ɪə	014. we **REAL**ly en**JOY**	082
eə	037. pre**PARE** SLOE GIN	138
ʊə	C124. which was a BIT more se**CURE**	232
eɪ	006. a**WAY** FOR	120
aɪ	046. and we **MIGHT** even	201
ɔɪ	014. we REALLY en**JOY**	082
əʊ	019. the SLOE is of course of the **FRUIT**	365
aʊ	018. **NOW**	057

Assess yourself

I have pronounced ...	Yes	No	Try Again
... the vowels accurately			
... the vowels on time			
... the prominences clearly			
... the non-prominences softly			
... the speech units at original speed			

Maggie – Consonant Group I

Listen
Imitate
Record
Compare

p	059. REAlly **PO**sitively **VIR**tuous	139
t	063. **TO**	169
k	017. in the **COUN**tryside	130
b	004. i'm **GO**ing to **BE**	240
d	009. per↑**HAPS FIVE DAYS**	145
g	065. **GIVE** to all your **GUESTS**	238
m	012. with my **MUM**	180
n	018. **NOW**	057
ŋ	011. **AT** the be**GI**nn**ing** of **AU**tumn	151
w	027. and **THEN** we **WILL**	209
j	G013. THREE **YEARS** or so	159
h	055. from the **HEDGE**rows	244

Maggie – Consonant Group II

Listen
Imitate
Record
Compare

f	009. per**HAPS** **F**IVE DAYS	145
v	059. REAlly POsitively **V**IRtuous	139
s	039. **S**O MUM normally	112
z	048. WILD DAM**s**ons	069
ʃ	032. some **S**Ugar	120
tʃ	029. some **CH**EAP GIN	172
dʒ	014. we REALLY en**J**OY	082
ʒ	G095. but they are U**s**ually on STILTS	241
θ	021. of the BLACK**th**orn bush	180
ð	045. and **TH**EN er	190
l	008. **L**ONG weekEND	112
r	059. **R**EAlly POsitively VIRtuous	139

Assess yourself

I have pronounced ...	Yes	No	Try Again
... the consonants accurately			
... the consonants on time			
... the prominences clearly			
... the non-prominences softly			
... the speech units at original speed			

Philip – Vowel Group I

Listen
Imitate
Record
Compare

Listen to each speech unit, and repeat it at the same time and speed as Philip. When you are ready, click on the microphone icon and record your version of each unit.

If you find this difficult, go back to Chapter 4, and work through Section 4.

ɪ	142. the aBIlity to DO things	204
e	125. if you did **WELL** enough	353
æ	091. or SOMEthing like **THAT**	240
ʌ	160. and the **O**ther one was **RU**ssian	357
ɒ	060. of the SYStem **WAS**	168
ʊ	131. it **COULD**n't	120
iː	144. WASn't TAken **SE**riously	137
ɜː	119. **ERM**	124
ɑː	092. the deMANDS on	203
ɔː	109. there was an **O**ral	280
uː	151. and also in **DO**ing things	223

Philip – Vowel Group II

Listen
Imitate
Record
Compare

ɪə	G206. GIVES the WHOLE i**DEA** of	377
eə	058. **WHERE**	224
ʊə	G122. it's inTENded to en**SURE**	129
eɪ	085. i DON'T think people **PAID** a	309
aɪ	044. and i i'd MADE up my **MIND**	244
ɔɪ	034. did you en**JOY** your time	424
əʊ	150. **KNO**wing about the LANguage	155
aʊ	114. you TOOK a**BOUT**	180

Assess yourself

I have pronounced ...	Yes	No	Try Again
... the vowels accurately			
... the vowels on time			
... the prominences clearly			
... the non-prominences softly			
... the speech units at original speed			

Philip – Consonant Group I

Listen
Imitate
Record
Compare

p	115. TWELVE written **P**Apers	208
t	114. you **T**OOK aBOU**T**	180
k	101. because you **C**OULDn't fail the Oral	250
b	142. the a**B**ILity to DO things	204
d	043. very INterested in **D**Oing	139
g	097. **g**o RIGHT through and get a de**G**REE with	338
m	071. **M**Odern LA**N**Guages	078
n	150. **KN**Owing about the LA**N**guage	155
ŋ	111. the ONly THI**NG** that	283
w	100. without SPEAking a **W**ORD of the LANguage	161
j	128. in the **U**SE of the spoken LANguage	225
h	059. the a**CHI**llies **H**EEL	182

Philip – Consonant Group II

Listen
Imitate
Record
Compare

f	113. for **F**Inals	190
v	054. but you **V**Ery QUICKly	254
s	091. or **S**OMEthing like THAT	240
z	060. of the SYStem WA**S**	168
ʃ	146. but esPE**C**ially about the LITerature	181
tʃ	049. and it was a **CH**ANGE from	357
dʒ	143. WITH the LANgu**age**	235
ʒ	G032. it's SLIGHTly un**US**ual	193
θ	111. the ONly **TH**ING that	283
ð	098. in **TH**OSE days	257
l	146. but esPEcially about the **L**ITerature	181
r	097 go **R**IGHT through and get a deGREE with	338

Assess yourself

I have pronounced ...	Yes	No	Try Again
... the consonants accurately			
... the consonants on time			
... the prominences clearly			
... the non-prominences softly			
... the speech units at original speed			

Geoff – Vowel Group I

Listen
Imitate
Record
Compare

Listen to each speech unit, and repeat it at the same time and speed as Geoff. When you are ready, click on the microphone icon and record your version of each unit.
If you find this difficult, go back to Chapter 5, and work through Section 4.

ɪ	087. WHAT sort of **THING**	238
e	079. and at the **END**	444
æ	228. they are **AC**tually **MO**rally up**LIF**ting	154
ʌ	216. of **SOME** sort of natural **SYS**tem	264
ɒ	137. **AC**tual **CON**tents of that	180
ʊ	210. **SHOULD** and should **NOT**	216
iː	162. which are just **TO**tally DARK **GREEN**	244
ɜː	227. **AU**thor's **TERMS**	125
ɑː	023. **RA**ther different THINGS	135
ɔː	177. WHAT a grammar is **FOR**	233
uː	097. **TRUE** SPE**ll**ing	080

Geoff – Vowel Group II

Listen
Imitate
Record
Compare

ɪə	206. GIVES the WHOLE i**DEA** of	377
eə	043. **FAIR**ly **TYP**ical	105
ʊə	122. it's in**TEN**ded to en**SURE**	129
eɪ	086. **LAY**ing OUT	101
aɪ	237. a a GREAT MO**ral** de**SIGN**	189
ɔɪ	157. and COPE with the **NOISE** of the DRI**ll**ing	382
əʊ	173. the ↑WHOLE **NO**tion	127
aʊ	166. BOOKS a**BOUT** LAN**guage**	118

Assess yourself

I have pronounced ...	Yes	No	Try Again
... the vowels accurately			
... the vowels on time			
... the prominences clearly			
... the non-prominences softly			
... the speech units at original speed			

Geoff – Consonant Group I

Listen
Imitate
Record
Compare

p	214. at any **POINT**	245
t	200. he DID **TOY** with the idea	237
k	076. it MEANS where it **CAME** from	337
b	166. **BOOKS** a**B**OUT LANguage	118
d	156. if you can GET through the BRICK **DUST** and things	299
g	125. **GOOD** ENGlish	071
m	103. and the **ME**thod of BOOKS etcetera	189
n	036. proDUCED by a **NON**-native SPEAker	146
ŋ	045. the sort of THI**NG**	288
w	160. erm there are a couple of **W**ALLS	321
j	130. the conVENtions that are **U**SED	174
h	173. the **WH**OLE NOtion	127

Geoff – Consonant Group II

Listen
Imitate
Record
Compare

f	034. its ONE of the very **F**EW	326
v	204. so that you'd KNOW exactly what to a**V**OID	348
s	071. that DOESn't seem to make **SE**NSE	352
z	237. a a GREAT MOral de**SIGN**	189
ʃ	210. **SH**OULD and should NOT	216
tʃ	014. WHI**CH**	076
dʒ	239. is **J**UST as immOral	250
ʒ	032. it's SLIGHTly unU**S**ual	193
θ	045. the sort of **TH**ING	288
ð	186. but **TH**IS is aNOther	122
l	228. they are ACtually MOrally up**L**IFting	154
r	090. but then it **R**EAlly TELLS you	360

Assess yourself

I have pronounced ...	Yes	No	Try Again
... the consonants accurately			
... the consonants on time			
... the prominences clearly			
... the non-prominences softly			
... the speech units at original speed			

Bob – Vowel Group I

Listen
Imitate
Record
Compare

Listen to each speech unit, and repeat it at the same time and speed as Bob. When you are ready, click on the microphone icon and record your version of each unit. If you find this difficult, go back to Chapter 6, and work through Section 4.

ɪ	092. parTIcularly ENGlish	083
e	049. it was aROUND **THEN**	119
æ	045. once you GET them in a **PLA**stic **SACK**	340
ʌ	005. i ↑WENT back to **LON**don	300
ɒ	016. i **WAS**n't going to WORK	272
ʊ	012. i **WOULD**n't DO	181
i:	069. a lot of their BEST **TEA**chers	180
ɜ:	077. found it EAsy to get **WORK**	290
ɑ:	101. in the **FAR** WEST of sudan	247
ɔ:	038. DUring the **AU**tumn and WINter	168
u:	006. **MOVED** back in with my PArents	272

Bob – Vowel Group II

Listen
Imitate
Record
Compare

ɪə	104. for a **YEAR** IN er	300
eə	060. **WHERE** this GUY had	119
ʊə	G122. it's inTENded to en**SURE**	129
eɪ	026. and **BA**sically	178
aɪ	097. i a**PPLIED**	111
ɔɪ	G157. and COPE with the **NOISE** of the DRIlling	382
əʊ	032. and i ENded up WORKing as a **ROAD**sweeper	222
aʊ	049. it was a**ROUND** THEN	119

Assess yourself

I have pronounced ...	Yes	No	Try Again
... the vowels accurately			
... the vowels on time			
... the prominences clearly			
... the non-prominences softly			
... the speech units at original speed			

Bob – Consonant Group I

Listen
Imitate
Record
Compare

p	057. i got a **POST**card from a **P**LACE called al-oBEID	265
t	064. **T**aken a JOB	233
k	094. THAT'S where my **c**aREER in er	238
b	069. a lot of their **B**EST TEAchers	180
d	019. to **D**O with ERM	240
g	028. of what i WASn't **G**Oing to do	302
m	006. **M**OVED back in with my PArents	272
n	033. for about **N**INE MONTHS	200
ŋ	011. there were ALL sorts of THI**NG**S	349
w	025. i **WA**Sn't going to **W**ORK for THAT	444
j	041. is a DREADful time of **Y**EAR	305
h	003. i **H**AD my deGREE	225

Bob – Consonant Group II

Listen
Imitate
Record
Compare

f	101. in the **F**AR WEST of sudan	247
v	010. sort of **V**Ery ideaLIStic	207
s	056. **S**ENT me a POSTcard	307
z	016. i WA**S**n't going to WORK	272
ʃ	004. i i FINi**sh**ed with BRADford	207
tʃ	089. PROper TEA**ch**ers	120
dʒ	064. TAken a **J**OB	233
ʒ	G032. it's SLIGHTly un**U**Sual	193
θ	011. there were ALL sorts of **TH**INGS	349
ð	025. i WASn't going to WORK for **TH**AT	444
l	001. i was VEry idea**L**IStic	131
r	049. it was a**R**OUND THEN	119

Assess yourself

I have pronounced ...	Yes	No	Try Again
... the consonants accurately			
... the consonants on time			
... the prominences clearly			
... the non-prominences softly			
... the speech units at original speed			

Beginning Clusters – Group I

Listen
Imitate
Record
Compare

Listen to each speech unit, and repeat it at the same time and speed as the speaker. When you are ready, click on the microphone icon and record your version of each unit.

bl	M021. the **BLACK**thorn bush	180
br	R204. more or less **BR**Itish style of	309
dr	T073. **DRAG** me out of BED	227
gl	P079. Kudos and **GL**Ory	125
kl	R212. **CL**OSE enough	138
kr	C030. ARTS and **CR**AFTS	205
kw	R192. in **QU**ITE the same FORM anymore	311
mj	T113. you deVElop imm**UN**Ity after a while	226
pl	R111. with GREAT **PLE**Asure	180
pr	T029. the ONly **PR**Oblem with em	178

Beginning Clusters – Group II

Listen
Imitate
Record
Compare

fr	R130. a GREAT big group of ↓**FR**IENDS	180
hj	R069. as **HU**man SCIences is	240
sm	R071. it it's a VEry **SM**ALL GROUP of STUdents	248
sp	T106. POIsonous **SP**Iders	099
st	R088. FARMED out to **st**aTIStics	194
sw	T110. and you GET all **SW**Ollen	300
tr	R199. need **TR**AIning in such areas	232
tw	R041. be**TW**EEN the different Elements	179
stj	R071. it it's a VEry SMALL GROUP of **ST**Udents	248
str	G269. for TElling people how to **STR**ING the words toGEther	270

Assess yourself

I have pronounced ...	Yes	No	Try Again
... the clusters accurately			
... the clusters on time			
... the prominences clearly			
... the non-prominences softly			
... the speech units at original speed			

Ending Clusters – Group I

Listen
Imitate
Record
Compare

kt	T117. and WAL**KED**	139
ld	R197. for PEOple from different PARTS of the WOR**LD**	270
lf	C041. so i was SE**LF** emPLOYED	193
md	R088. FAR**MED** out to staTIStics	194
ŋk	T092. ACtual TRU**NK**	120
nt	R191. DO**N'T** eXIST	112
vd	T019. so i MO**VED** into THIS em	205
ndʒ	R010. a WHOLE RA**NGE** of subjects	259
mpt	R037. Atte**mpt** at a Modular COURSE	154

Ending Clusters – Group II

Listen
Imitate
Record
Compare

dz	T033. because they ↑GROW like WEE**DS**	206
ks	R088. FARMED out to staTISti**cs**	194
lθ	R160. called the VOluntary HEA**LTH** associAtion	166
st	R191. DON'T eXI**ST**	112
ts	R197. for PEOple from different PAR**TS** of the WORLD	270
kts	R010. a whole RANGE of subje**cts**	259
mps	T109. you COME out in LU**MPS**	248
ndz	R130. a GREAT big group of FRIE**NDS**	180
nθs	R209. aBOUT fifteen MO**NTHS**	108
nts	R071. it it's a VEry SMALL GROUP of STUde**nts**	248
nts	R086. to Other dePARTme**nts**	193
sts	R077. that had HUman scienti**sts**	240

Assess yourself

I have pronounced ...	Yes	No	Try Again
... the clusters accurately			
... the clusters on time			
... the prominences clearly			
... the non-prominences softly			
... the speech units at original speed			

CHAPTER TEN Speech Units – A Window on Speech

Welcome

Welcome to Chapter 10 of *Streaming Speech*.
Speech units are useful, they act as a window on speech: using them we can observe speakers highlighting words, using tones, asking questions, giving themselves thinking time, etc.

The goal of this chapter is to train you to recognise speech units so you can learn from other recordings. This chapter will be particularly useful if you are a teacher of English, or are training to be a teacher of English. It will help you observe what speakers do, it will give you a way of explaining what happens in fast speech. It will also give you a way of answering students' questions about any speech they may hear.

This chapter is in three sections:

*   Significant sounds of English
    You will learn to recognise the five sizes of speech units, with many examples.

*   Tones and key
    You will learn to recognise the five tones of English; and high and low key.

*   Guided dictation in transcribing speech units
    You will apply what you learned in the previous sections in doing guided dictation practice in transcribing speech units.

1 Significant sounds of English

In this section you will learn to recognise the different sizes of speech unit. Speech units are 'speech sounds' just as much as vowels and consonants are: speech units change the shape of the words they contain (Section 1.1). The building blocks of speech units are the prominent syllables, therefore relationship between word stress and prominence is a very important topic to understand, so there is a detailed look at prominence and word stress using two speech units from Geoff's recording (Section 1.2-3). Then we look in detail at the rhythmic shapes of the different sizes of speech unit (Section 1.4-7); and lastly there is a short extract which shows all sizes of speech unit in action (Section 1.8).

As you work through this section it will be useful to consider a question and two answers, and which of the two answers is true.

> *Question:*
> 'Why do speakers choose one size of speech unit rather than another?'
>
> *Answer 1:*
> 'Speakers make speech units end where grammatical units end.'
>
> *Answer 2:*
> 'Speakers don't choose speech unit size directly – they make choices of words, prominences, tone, and key which result in speech units of one of the five different sizes. They make these choices in order to communicate effectively in real time: they are not aiming at correct sentences, they are aiming at effective communication.'

More …

For more on answer 1, read chapter 8 of M.A.K. Halliday's 'An Introduction to Functional Grammar' (2nd Edition) Edward Arnold, 1994, or chapter 2 of Paul Tench's 'The Intonation Systems of English' Cassell, 1996.

For more on answer 2, read chapter 1 of David Brazil's 'The Communicative Value of Intonation in English' (2nd Edition) Cambridge University Press (1997) and chapters 1-3 of the same author's 'A Grammar of Speech', Oxford University Press, 1995.

1.1 Speech units as speech sounds

How many speech sounds are there in English? The most common answer is 'Forty-four: twenty vowels, and twenty-four consonants'. But speech units are another group of English speech sounds. Speech units normally have more than one word, they have between one and four prominences, and a tone. Speakers use them to package the meanings they want to communicate.

The shape of these units is not fixed by grammar, nor by the dictionary pronunciations of words: speakers make choices which decide the shape of each speech unit. The dictionary forms influence the shape of the speech unit, but speech units have forms of their own which affect the shapes of the words they contain.

Speech units come in five different sizes, as we saw in Chapter 5. The five sizes are shown below.

Size	Structure
Single prominence	o O o
Double prominence	o O o O o
Triple prominence	o O o O o O o
Four prominence	o O o O o O o O o
Incomplete	o [O]

In the right hand column, the symbol 'o' (small o) means 'any number of non-prominent syllables, including zero'; the symbol 'O' means 'one prominent syllable must occur'.

You judge the size of a speech unit by the number of prominences it has, not by the number of words.

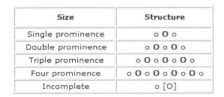

Some examples …

For example, speech units in group 1 below have more words than those in group 2: But those in group 1 are smaller because they have only one prominence whereas those in group 2 have three prominences.

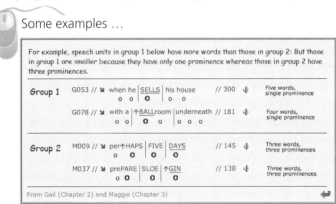

Group 1	G053 // ↘ when he <u>SELLS</u> his house // 300 ◁	Five words, single prominence
	o o **O** o o	
	G078 // ↘ with a ↑<u>BALL</u>room underneath // 181 ◁	Four words, single prominence
	o o **O** o o o o	
Group 2	M009 // ↘ per↑<u>HAPS</u> <u>FIVE</u> <u>DAYS</u> // 145 ◁	Three words, three prominences
	o **O** **O** **O**	
	M037 // ↘ pre<u>PARE</u> <u>SLOE</u> ↑<u>GIN</u> // 138 ◁	Three words, three prominences
	o **O** **O** **O**	

From Gail (Chapter 2) and Maggie (Chapter 3)

1.2 Prominence and word-stress I

In the recording for Chapter 5, Geoff says the word 'manual' three times. Listen to each speech unit in which it occurs.

108 // ↘ a <u>MAN</u>ual   // 055 ◁

114 // → it's a <u>MAN</u>ual   // 308 ◁

115 // ↘ well well it's <u>MORE</u> of a manual for <u>WRIT</u>ing in fact // 386 ◁

In Ge108 and Ge114 'manual' is prominent, and receives a tone (it is 'tonic'). But in Ge115, 'manual' is non-prominent. Listen to all of Ge115, and then click on 'manual'. The stress pattern of 'manual' is clear. But even though it is clear, it is not prominent.

Geoff decided to use the words shown in the bottom row (below), which include two words ('manual' and 'writing') with word stress on the first syllable. Having decided to use these words, he has a rhythmic pattern of word stress given in the middle row.

Higher level choices …

prominences	o o o **O** o o o o o o **O** o o o
word stress	x x x x x x **X** x x x **X** x x x
words	G115 // ↘ well well it's <u>MORE</u> of a manual for <u>WRIT</u>ing in fact // ◁

But, as he wants to help listeners focus on important meanings he has another, higher level of choice – that of prominence: and the top row shows the choices that he made. The syllables 'more' and 'wri-' are louder and longer, they stand out, they are thus prominent.

Both word-stress and prominence are made by making syllables longer, louder, and on a different pitch. The skill is to learn to listen for the higher level choices that speakers make.

Advice

1 When analysing a recording into speech units, the first step is to decide where the prominences are.

2 When trying to decide where prominences are, listen for those words that the speaker highlights. Listen for the higher level choices, don't listen for word stress.

1.3 Prominence and word-stress II

In the last section, we saw that non-prominent words can have clear word stress. But sometimes, the form of the speech unit crushes words almost completely out of shape. Geoff uses four two syllable words in the speech unit below, and highlights just two words 'one' and 'detail'

original speech unit	this is ONE i'm going to be looking at in slightly more DEtail in fact 🎤
	O · · · · · · · · · O
word stress version	this is one i'm GOing to be LOOking at in SLIGHTly more DEtail in fact 🎤
	X x · · X x · · X x · · X x
paused version	THIS IS ONE I'M GOing TO BE LOOking AT IN SLIGHTly MORE DEtail IN FACT 🎤

Click on the three versions of this speech unit: the original, the word stress version, and the paused version. Compare what happens to the words 'going', 'looking' and 'slightly' in each version.

In the original, we might expect to hear the stress patterns in 'going', 'looking' and 'slightly', but we don't. Geoff focuses our attention on the prominences on 'one' and 'detail', and speaks the words between them very quickly - so quickly, that it seems these words are not important in this context.

1.4 Prominence and word-stress III

Listen again to Geoff's speech unit, and notice how it is split up into five parts. The words in part 3, the middle part, are pulled dramatically out of shape.

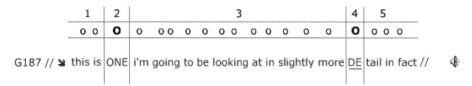

The double prominence speech unit has a five part structure – a column for each part: columns 1, 3, & 5 are for non-prominent syllables; column 2 for the first prominence; column 4 for the second prominence – the tonic syllable – where the tone starts.

All speech units can be divided into parts. The following pages will show how single, double, triple, and quadruple prominence speech units are divided into parts, and how they have different rhythms.

Why does Geoff speak so many words (fifteen – counting 'I'm' as one word) so quickly in a double prominence speech unit? The short answer is: it was appropriate for the context. For more, go to Chapter 6 Section 3.

1.5 Single prominence speech units

Single prominence speech units have a three part structure. The table below shows the different rhythmic shapes that such speech units can have: from one syllable 'bar' to seven syllables 'once the market for that has been established'.

	1	2	3	
Ga081		BAR O		
R009	so i o o	DID O		
R014		HU O	man o	
R128	a o	LIVE O	ly social life o o o o	
R010	a whole o o	RANGE O	of subjects o o o	
Ge266	once the o o	MAR O	ket for that has been established o o o o o o o o	

Notice that parts 1 and 3 can be empty: empty parts are shown shaded in grey. The important feature of a single prominence speech unit is that there is one prominence, where the tone starts.

 Why is 'established' non- prominent in Ge266?...

When you hear Ge266 on its own, it is easy to feel that there is a prominence in the second syllable of 'established'. Listen to it in context, and listen for the words that Geoff highlights, rather than for the word-stress. Geoff highlights 'established' in Ge265, then in Ge266 he repeats the words 'once, that, has, been, established', but he adds 'the market for'. The words he is repeating are in play, and he makes them non-prominent – the new word 'market' is important, and he highlights it with a prominence on the first syllable.

Ge264 // → and <u>THEN</u>	// 120	
Ge265 // ↘ ONCE THAT'S been esTABlished	// 151	
Ge266 //↘ once the <u>MAR</u>ket for that has been established	**//329**	
Ge267 // ↘↗ pEOple begin to REalise	// 337	
Ge268 // ↘↗ that there is ALso a market	// 360	
Ge269 // ↘ for TELLing people how to STRING the words to↑<u>GETH</u>er	// 270	

The single prominence speech unit is the most common kind of speech unit in the eight recordings. 46% of all speech units are this size.

More on percentages ...

Numbers and percentages of speech units of different sizes in the eight recordings:

	incomplete	single	double	triple	quadruple
number	62	559	505	75	4
percent	5	46	42	6	1

The most common single prominence speech unit is 'erm'. Click on the table below to hear each of our speakers say 'erm'.

Corony 043 // ERM //	Gail 002 // ERM //	Maggie 049 // ERM //	Philip 052 // ERM //
Geoff 001 // ERM //	Bob 047 // ERM //	Rachel 153 // ERM //	Terry 198 // ERM //

1.6 Double prominence speech units

Double prominence speech units have five parts. There must be two prominences (parts 2 & 4 in the table below) there may be non-prominences before, between and after the prominences (parts 1, 3, & 5). The tone starts on the second prominence (part 4) and continues over the syllables in part 5 if there are any.

	1	2	3	4	5	
T140		I'D o		FALL o		🔊
Ge018		CER o	tain aspects of the english o o o o oo o	LAN o	guage o	🔊
Ga089	they have o o	LARGE o			CEL o	lars in new zealand o o o o o	🔊
B041	is a o o	DREAD o	ful time of o o o	YEAR o		🔊
Ge115	well well it's o o o	MORE o	of a manual for o o o o o	WRI o	ting in fact o o o	🔊

All the speech units above have the same double prominence structure, but they have different rhythms. Notice that parts 1, 3, & 5 can be empty: empty parts are shown shaded in grey. The important feature of a double prominence speech unit is that there are two prominences, and that the tone starts on the second prominence.

The double prominence speech unit is the second most common kind of speech unit in the eight recordings: 42% are double prominence speech units.

Why are single and double prominence speech units so common? There are two reasons: because speakers use tones very often, and because we have decided to allow only one tone per speech unit. It seems that most often, speakers choose a tone on the first or second prominence.

Note ...

More ...

1.7 Triple and quadruple prominence speech units

The triple prominence speech unit has a seven part structure. As with the single and double prominence speech units, the non-prominent parts (1, 3, 5, & 7) can be empty. Empty parts are shown shaded in grey. The important feature of a triple prominence speech unit is that the tone starts on the third prominence.

	1	2	3	4	5	6	7	
M009	per o	HAPS o		FIVE o		DAYS o		🔊
P144		WAS o	n't o	TA o	ken o	SE o	riously o o o	🔊
Ge156	if you can o o o	GET o	through the o o	BRICK o		DUST o	and things o o	🔊
C123	and o	CON o	centrate o o	MORE o	on the o o	OTH o	er teaching o o o	🔊
Ga037	he can o o	TURN o	his o	HAND o	to o	AN o	ything o o	🔊

Triple and quadruple prominence speech units are rare because speakers most often use a tone on the first or second prominence, and we allow only one tone per speech unit. Long speech units seem to occur for three reasons: (a) when a speaker is being very explicit and careful in their speech; (b) when they are speaking a long group of words which they have found easy to plan (perhaps because they have said it to other people, in other contexts before); (c) when they are reading aloud the title of a book.

1.7 Triple and quadruple prominence speech units *continued*

About quadruple speech units ...

The quadruple prominence speech unit has a nine-part structure. The important feature of a quadruple prominence speech unit is that the tone starts on the fourth prominence.

	1	2	3	4	5	6	7	8	9	
Ge039	who is the o o o	AU **O**	thor of the o o o	GREAT **O**		FRENCH **O**		DIC **O**	tionary o o o	
Ga055	he's o	CU **O**	rrently o o	THIN **O**	king of o o	MO **O**	ving a o o	GAIN **O**		

Speech unit Ga055 is an example of a speech unit with a distinct rhythm. Such units are often used to demonstrate that English is stress-timed. However, such speech units are rare in everyday speech.

1.8 Incomplete units, and pauses

Sometimes, speakers do not complete a speech unit – they start, and then pause. Listen to the speech units below from Rachel's recording – but it is Richard (me) who speaks at this point. I ask her a question:

R028 // ? ...it was it... // 391
R029 // ? ...was it ... // 180
R030 // ? ...a coHErent... // 086
R031 // ↘ COURSE of ↑STUdy do you think // 278

Speech units 028, 029, & 030 are all incomplete. The notation for an incomplete speech unit are three dots '...' and a question-mark '?' which means 'unknown or absent tone'. Notice that 028 & 029 have no prominences, but 030 has one prominence.

Of the 1218 speech units in the recordings, 62 (5%) are incomplete. Speakers start to say something, and before they produce a tonic syllable, they pause. One of our rules is: speech units do not contain pauses. Wherever there is a pause, it marks the end of a speech unit.

Deciding where a speech unit begins and ends ...

Advice

In deciding where a speech unit begins and ends, it helps to follow these rules:

1 A speech unit cannot contain a pause
(if a pause occurs, it marks the end of a speech unit)
2 There can be only one tone in a speech unit
(each tone must occur in its own speech unit)
3 A speech unit ends when a tone finishes, or when a pause occurs
(but a tone may start on one syllable and continue over others)
4 In a speech unit, there can be no prominences after the tone
(the next prominence after a tone has to be in another speech unit)

1.9 All sizes of speech unit exemplified

The following speech units, from Geoff's recording (Chapter 5) show the different sizes of speech unit.

```
198 // ↗ ↑PRIESTley SAYS in his PREface at ONE point  // 248
          O  o  O   o o   O o  o  O   o  [four prominence]

199 // ?  ...that...                                    // 216
              o                              [incomplete]

200 // ↘ he ↑DID ↑TOY with the idea                    // 237
          o  O   O   o  o  o o o     [double prominence]

201 // → of inCLUding                                  // 099
          o o  O  o                  [single prominence]

202 // ↘ a SEries of exAMples of BAD english           // 209
          o O o  o o  O   o o  O o  o  [triple prominence]

203 // ↘ towards the END of the book                   // 364
          o  o   o  O   o  o  o    [single prominence]
```

There are five sizes of speech unit, and a wide variety of rhythmic possibilities for each one – depending on the words that the speaker has chosen. All these possibilities make speech a constantly varying stream.

2 Tones and key

In this section you can train yourself to hear the tones, and choices of key. There are five tones in English, and three choices of key. As you work through these sections on tone, consider the question 'What do tones mean?' Textbooks give a number of explanations, which are summarised in this table:

Falling tones	Rising tones
I'm certain	I'm uncertain
I've finished	I'm continuing
I'm unfriendly	I'm friendly
I'm expecting this	I'm surprised
I'm telling you news	You know this already

All of these five sets of meanings are (in my opinion) inadequate, but I think the last one works best. If you do too, you might like to read David Brazil's The 'Communicative Value of Intonation in English' (2nd Edition), Cambridge University Press, 1997.

My own opinion is that most often, in most contexts, it doesn't matter which tones you use, as long as you keep varying your choices, and that there is a falling tone somewhere.

2.1 Tones across syllables

In group A below, the tones occur on single syllable words – they start and finish on these words – which are underlined. In group B the tones start on the tonic syllable (underlined) and continue over the non-prominent syllables which follow the tonic.

Group A
(Tones on single syllables)

Examples from Rachel (Ch.7)

fall	R034 // ⬎ than ANy other MOdular ↓COURSE	// 174
level	R081 // ➔ AND	// 068
rise	R182 // ⬈ it was FUN nonetheLESS	// 171
fall-rise	R164 // ⬎⬈ in INternational AID	// 132
rise-fall	R154 // ⬈⬎ WELL	// 045

Group B
(Tones over several syllables)

Examples from Rachel (Ch.7)

fall	R230 // ⬎ into the interNAtional office	// 164
level	R089 // ➔ to psyCHOlogy	// 133
rise	R196 // ⬈ of PUBlic adminisTRAtion	// 159
fall-rise	R077 // ⬎⬈ that HAD human scientists	// 240
rise-fall	T122 // ⬈⬎ this HOOK of baNANas	// 222

The most common tones in the eight recordings are the falling and level tones, with 35% and 34% respectively.

 More on percentages …

Percentages of speech units of different tones in the eight recordings.

Fall	Level	Rise	Fall-rise	Rise-fall	Uncertain
⬎	➔	⬈	⬎⬈	⬈⬎	?
35%	34%	12%	12%	1%	6%

The high percentage of level tones is perhaps surprising, but it is natural for spontaneous speech, where people spend a lot of time planning, while speaking, what to say next. The level tone helps speakers give themselves thinking time. Other textbooks regard level tones as a type of rising tone; or they regard them as prominences. I think it is important, when looking at spontaneous speech, to have level tones as a category to themselves.

2.2 Tones demonstrated in the same speech unit

You can hear the five tones of English demonstrated in the same speech unit. We will use one speech unit from Bob's recording where the tone starts and finishes on a single syllable, and another from Geoff's recording in which the tone continues starts on one syllable and continues over eight non-prominent syllables. I give the original speech unit, then I have re-recorded the different versions.

Click for different versions ...

Click for different versions ...

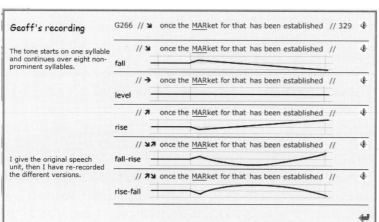

Fall	Level	Rise	Fall-rise	Rise-fall	Uncertain
↘	→	↗	↘↗	↗↘	?
35%	34%	12%	12%	1%	6%

Falling tones are the most common in these recordings – with 35%. Why? Perhaps because the speakers have so much to tell, perhaps because it is the default tone (you use it if you have no special reason to use any other tone). But notice that 65% of tones are not falling tones – my opinion is that this indicates that speakers are constantly varying their tone choices, in order to keep the listener interested.

2.3 All tones demonstrated in a short extract

These speech units from Terry's recording (Chapter 8) illustrate the tone choices of English. Remember that the tone begins on the last prominence of the speech unit, and continues over any remaining syllables.

121 // → and like <u>THIS</u>	// 172	
122 // ↗↘ this HOOK of ba<u>NA</u>nas	// 222	
123 // ↘ would WEIGH a ↑<u>TON</u>	// 339	
124 // ↗ you <u>KNOW</u>	// 148	
125 // ↘ and THERE i am in my <u>PRIME</u>	// 275	
126 // ↗ i'm in my TWENties early <u>TWEN</u>ties	// 208	
127 // → and i <u>PUT</u>	// 230	
128 // ↘↗ a HOOK of baNAnas on <u>ONE</u> shoulder	// 209	
129 // ↘↗ and i put aNOther one on aNOther shoulder and	// 297	
130 // ↘ i'd be PRACtically falling over <u>BACK</u>wards	// 163	

> **Vocabulary**
> In 121 'like' means
> 'you know'

It is vital to see what Terry has said before, so look at some of the preceding context.

 Context ...

094 // → WHAT you <u>DO</u> is	// 449	
095 // ↘↗ you ↑CUT the <u>HOOK</u>	// 198	
096 // ↘↗ SO that you can <u>HANG</u> it over	// 321	
097 // ↘ your <u>SHOUL</u>der	// 339	
...		
114 // → and <u>THEN</u> you	// 180	
115 // ↘ PUT this <u>HOOK</u>	// 239	
116 // ↘ of baNAnas on your ↓<u>SHOUL</u>der	// 224	
117 // → and <u>WALKED</u>	// 139	
118 // ↘↗ the TWO ki<u>LO</u>meters	// 180	
119 // ↗ DOWN ↓<u>HILL</u>	// 163	
120 // ↘ ↓BACK to the <u>FARM</u>house	// 167	

As you listen to this extract, look at the table of meanings of tones below. Which of the meanings (rows 1-5) is the best explanation for Terry's choices of tone in the extract? Remember, falling tones include both fall, and the rise-fall; rising tones include both rise, and fall-rise.

 Table of meanings of tones ...

Falling tones	Rising tones
I'm certain	I'm uncertain
I've finished	I'm continuing
I'm unfriendly	I'm friendly
I'm expecting this	I'm surprised
I'm telling you news	You know this already

 My opinion is that the bottom row meanings work best ...

121 // → and ... <u>THIS</u>	(planning time)	
122 // ↗↘ this ... ba<u>NA</u>nas	telling you news	
123 // ↘ would ... ↑<u>TON</u>	telling you news	
124 // ↗ you <u>KNOW</u>	you know this already	
125 // ↘ and ... <u>PRIME</u>	telling you news	
126 // ↗ i'm in my ... <u>TWEN</u>ties	you know this already	
127 // → and i <u>PUT</u>	(planning time)	
128 // ↘↗ a HOOK ... <u>ONE</u> shoulder	you know this already	
129 // ↘↗ and ... one on a<u>NO</u>ther ...	you know this already	
130 // ↘ i'd ... <u>BACK</u>wards	telling you news	

2.4 High and Low key – Table of meanings

Any prominence can occur on mid, low, or high level, relative to the preceding and following prominences. Textbooks generally agree that a high key choice on the first prominent syllable signals a beginning of some kind, and a low key choice on the tonic prominence marks an ending of some kind. If we put these meanings in a table, they would look like this:

	First prominence	Tonic prominence
high	'beginning'	
low		'ending'

You will notice that there are gaps in the table which make us ask: What about low key on the first prominence? What about high key on the tonic prominence? I like the explanations offered by David Brazil (In *The Communicative Value of Intonation in English*, 2nd Edition, Cambridge University Press, 1997): low key on a first prominence signals that the speech unit has the same meaning as a preceding speech unit: 'in other words ...'; high key on the tonic prominence signals that the speaker wants a reaction of some kind from the listener. This leaves us with the following table of meanings:

	First prominence	Tonic prominence
high	'beginning'	'react to this'
mid	(no particular meaning)	(no particular meaning)
low	'in other words'	'ending'

Some examples ...

The first prominences in these units have high key:

    C022 // → when i ↑FINished at uniVERsity   // 134

    Ga010 // ↗ he's ↑MOVED HOUSE a lot   // 225

The tonic prominences in these units have high key:

    R031 // ↘ COURSE of ↑STUdy do you think   // 278

    T123 // ↘ would WEIGH a ↑TON   // 339

The first prominences in these units have low key:

    P051 // ↘ ↓SUBject i'd been doing at SCHOOL // 179

    B002 // ↘ i ↓GUESS in ↓THOSE days   // 300

The tonic prominences in these units have low key:

    Ge269 // ↘ for TELLing people how to STRING the words to↓GETHer // 270

    R034 // ↘ than ANy other MOdular ↓COURSE   // 174

2.5 High and Low key – Two examples

You can hear the different choices of key in two speech units from Rachel's recording.

Example A

First, we use R031, and keep the first prominence at mid key, and change the key choice on the tonic prominence 'study'.

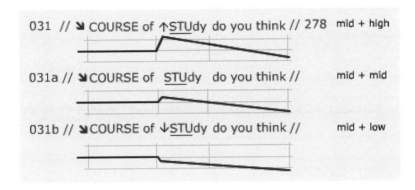

In example B we use unit 033 and vary the choice on the first prominence.

 Show Example B ...

In example B we use unit 033 and vary the choice on the first prominence.

Example B

For 033, we keep 'disparate' at mid key, and vary the choice on 'no'. We'll start off with 032 each time, in order to give us a reference point (mid).

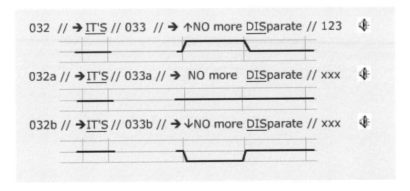

2.6 High and Low key – Choice of key

These speech units from Rachel's recording (Chapter 7) illustrate the choices of key being used.

Richard: 029 // ? ...was it ...	// 180	incomplete - no prominences
030 // ? ...a coHErent...	// 086	incomplete - one prominence, mid key
031 // ⬊ COURSE of ↑<u>STU</u>dy do you think	// 278	mid key on 'course', high key (plus falling tone) on the first syllable of 'study'
Rachel: 032 // → <u>IT'S</u>	// 038	mid key
033 // → ↑NO more DISparate	// 123	high key on 'no', mid key (plus level tone)on the first syllable of 'disparate'
034 // ⬊ than ANy other MOdular ↓<u>COURSE</u>	// 174	mid key on the first syllables of 'any' and 'modular', low key (plus falling tone) on 'course'

3 Guided dictation in transcribing speech units

In this section you can practice transcribing speech units. There are four extracts lasting between five and twelve seconds from Corony, Gail, Geoff, and Bob. You need a pencil and paper to work through a six stage procedure.

A Listen to the extract, and look at the written transcript.

B Write a speech unit transcript with the prominent syllables in capital letters.

C Decide which prominent syllables are tonic (the starting points for tones).

D Decide which tone (fall, rise, fall-rise, level, rise-fall) the speaker chose.

E Decide whether the prominent syllables are mid, high, or low key.

F Check your transcript against the correct answer.

You have a choice of four extracts: Corony, Gail, Geoff, and Bob.

3.1 Guided dictation: Corony

This recording is less than five seconds long. Corony talks about the things she made when she was a textile artist: you will hear her say the word 'batik'. 'Batik' is a method of adding coloured patterns to cloth, using wax.

Listen to Corony saying the following words:

```
I was doing batik, erm but quite big pieces.
```

Now listen again (as often as you like) and write a speech unit transcript below.

·   decide which syllables are prominent – write them in capital letters
·   decide how many speech units there are – start a new line for each unit
·   decide where the tones start – underline the tonic syllable
·   decide which tone occurred – write the arrows at the start of each unit
·   decide which prominences are high or low – write an arrow up or down in front of the syllable

Use the hint buttons on screen if you need help.

Hint ...

write your transcript here

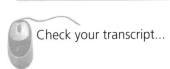
Check your transcript...

Check your transcript by viewing the pop-up screen, or turning to the answer key.

Answer Key

3.2 Guided dictation: Gail

This recording is eight seconds long. Gail talks about a relative in New Zealand who has just moved house. Listen to Gail say the following words.

> And my cousin, his daughter, erm, is
> recently widowed and has just moved in
> to live with them.

Now listen again (as often as you like) and write a speech unit transcript below.

· decide which syllables are prominent – write them in capital letters
· decide how many speech units there are – start a new line for each unit
· decide where the tones start – underline the tonic syllable
· decide which tone occurred – write the arrows at the start of each unit
· decide which prominences are high or low – write an arrow up or down in front of the syllable

Use the hint buttons on screen if you need help.

Hint ...

write your transcript here

Check your transcript...

Check your transcript by viewing the pop-up screen, or turning to the answer key.

Answer Key

3.3 Guided dictation: Geoff

Geoff's recording lasts about ten seconds. He explains how language learners are first interested in vocabulary, and are then interested in how to join words together. He uses the word 'obsession' to mean 'strong interest'.

Listen to Geoff say the following words.

```
The first obsession is with vocabulary and then once
that's been established, once the market for that has been
established, people begin to realise there is also a market
for telling people how to string the words together.
```

Now listen again (as often as you like) and write a speech unit transcript below.

·   decide which syllables are prominent – write them in capital letters
·   decide how many speech units there are – start a new line for each unit
·   decide where the tones start – underline the tonic syllable
·   decide which tone occurred – write the arrows at the start of each unit
·   decide which prominences are high or low – write an arrow up or down in front of the syllable

 Hint ...

write your transcript here

 Check your transcript...

Check your transcript by viewing the pop-up screen, or turning to the answer key.

Answer Key

3.4 Guided dictation: Bob

This recording lasts twelve seconds. Bob talks about the postcard that he received from a friend that started his career in language teaching. He mentions three names: a friend called Jay, and two places – Bradford in the North of England, and Al-Obeid in Central Sudan.

Listen to Bob say the following words.

```
It was around then that … of … a mate of mine from Bradford,
erm  a guy called Jay sent me a postcard. I got a postcard
from a place called Al-Obeid.
```

Now listen again (as often as you like) and write a speech unit transcript below.

- decide which syllables are prominent – write them in capital letters
- decide how many speech units there are – start a new line for each unit
- decide where the tones start – underline the tonic syllable
- decide which tone occurred – write the arrows at the start of each unit
- decide which prominences are high or low – write an arrow up or down in front of the syllable

Use the hint buttons on screen if you need help.

Hint …

write your transcript here

Check your transcript...

Check your transcript by viewing the pop-up screen, or turning to the answer key.

Answer Key

ANSWER KEY

Introduction – Answers

1 What is Streaming Speech?

A	And that was the way to do well on the course	<u>Rachel</u>
B	He can turn his hand to anything	<u>Gail</u>
C	I was already by that stage running a snackbar three nights a week	<u>Corony</u>
D	I was I was more interested in knowing about the language	<u>Philip</u>
E	I was very idealistic I guess in those days	<u>Bob</u>
F	It's very hard to sell bananas in Brazil because they grow like weeds	<u>Terry</u>
G	It's well it's more of a manual for writing in fact	<u>Geoff</u>
H	We really enjoy picking sloes	<u>Maggie</u>

8 Streamed speech is normal

"... werezurrun
tegetherin
wayzzwitch
pullemouter
shape ..."

10 How does Streaming Speech teach pronunciation?

You hear 'I saw the ship on the farm' plus a ship's horn.
You hear 'I travelled by sheep' plus a sheep baa-ing.

Chapter 1 – Answers

3.4 Exercise 2

```
037 // made quite a bit of money //
051 // i i didn't make an awful lot of money //
052 // in the first couple of years //
```

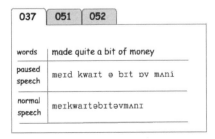

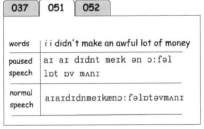

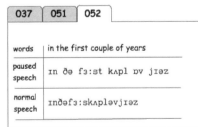

Chapter 1 – Answers *continued*

4.3 Exercise 3

	ɪ	e	æ	ʌ	ɒ	ʊ
involved					✓	
cushions						✓
living	✓					
money				✓		
popular					✓	
ran			✓			
textile		✓				

5.2 Exercise 4

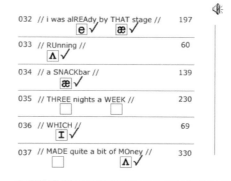

032 // i was alREAdy by THAT stage //   197
     e ✓   æ ✓

033 // RUnning //   60
     ʌ ✓

034 // a SNACKbar //   139
     æ ✓

035 // THREE nights a WEEK //   230
     ▢   ▢

036 // WHICH //   69
     ɪ ✓

037 // MADE quite a bit of MOney //   330
     ▢   ʌ ✓

The vowels in 'three' and 'week' will be dealt with in Chapter 2, the vowel in 'made' will be dealt with in Chapter 3.

Chapter 2 – Answers

2.1 The final 't' in 'doesn't' in 052 is missing.

052 // but he doesn'~~t~~ lose // 310

3.5 Exercise 2

046	// so he yes //	240
047	// he CERtainly // *pause*	184
048	// MAKES a small PROfit //	282
049	// he DOESn't // *pause*	140
050	// DO it ERM // *pause*	180
051	// for the MOney he's going to MAKE //	325
052	// but he DOESn't LOSE //	310
053	// when he SELLs his house //	300

Comment 1

The pauses between speech units 049 & 050 and 050 & 051 are clear, the one between 47 & 48 is less clear. Deciding where pauses go is not always easy, and is often a matter of opinion, not fact. Therefore don't worry if your judgment about the pause between speech units 047 and 048 doesn't match mine.

Comment 2

Notice that in 051, that the word 'going' is non-prominent. You might feel that it is prominent, but it is more helpful, for the pronunciation goals we have (high speed streamed speech), to consider speech units such as this to have two prominences, with – in this case – prominences on 'money' and 'make'.

If 'going' were prominent, then it would sound as in 051a below. Click on the speech units to hear the

difference, and practise making the difference yourself. Speech unit 051b is the paused version.

051 // for the MOney he's going to MAKE // 325

051a // for the MOney he's GOing to MAKE //

051b // for the money he's going to make //

Note. Gail speaks a reduced form of 'going' as a single syllable word ('ing' is dropped) and the diphthong /əʊ/ becomes /ɜ:/ (see next page).

Chapter 2 – Answers *continued*

words	for the MOney he's going to MAKE
paused speech	fɔː ðə mʌni hiːz gəʊɪŋ tuː meɪk
normal speech	fəðəmʌnihiːzgɜːntəmeɪk

Comment 3

In speech unit 053, there is only one prominence. You might feel that there is a prominence on 'house': but although the word is spoken very clearly, it is not prominent. If it were prominent it would sound like 053a. Click, hear, and reproduce the difference (053b is a paused version):

053 // when he SELLS his house // 300

053a // when he SELLS his HOUSE //

053b // when he sells his house //

words	when he SELLS his house
paused speech	hwen hiː selz hɪz haʊs
normal speech	hʌŋiselzhɪzhaʊs

4.3 Exercise 3

	iː	ɜː	ɑː	ɔː	uː
Auckland				✓	
certainly		✓			
im**proves**					✓
large			✓		
she	✓				

5.2 Exercise 4

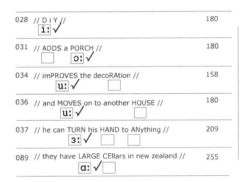

028 // DiY //   [iː] ✓   180

031 // ADDS a PORCH //   ☐   [ɔː] ✓   180

034 // imPROVES the decoRAtion //   [uː] ✓   ☐   158

036 // and MOVES on to another HOUSE //   [uː] ✓   ☐   180

037 // he can TURN his HAND to ANything //   [ɜː] ✓   ☐   ☐   209

089 // they have LARGE CEllars in new zealand //   [ɑː] ✓   ☐   255

Chapter 3 – Answers

3.3 Draw curves

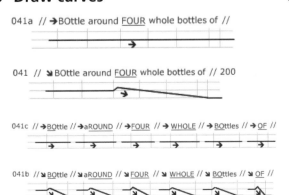

041a // →BOttle around FOUR whole bottles of //

041 // ↘BOttle around FOUR whole bottles of // 200

041c // →BOttle // →aROUND // →FOUR // → WHOLE // → BOttles // →OF //

041b // ↘BOttle // ↘aROUND // ↘FOUR // ↘ WHOLE // ↘ BOttles // ↘ OF //

3.6 Exercise 2

057 // → AND er // 204

058 // → and THEN you feel // 430

059 // ↘ REAlly POsitively VIRtuous // 139

060 // ↘ at CHRIStmas // 213

061 // → when you've got ALL this HOME-made // 200

062 // ↗ SLOE GIN // 107

063 // → TO // 169

064 // → GIVE er // 290

065 // ↘ GIVE to all your ↑GUESTS // 238

(See comment on next page.)

Chapter 3 – Answers *continued*

Comment on 3.6 Exercise 2

You may think that these strategies are 'mistakes'. By the standards of the written language, they are mistakes – when written down. But in the real-time stream of speech, they are normal features, which most listeners would not notice in real-time speech. These features benefit both speaker and hearer: they give the speaker time to plan, and the repetitions make the speech easier to understand. Note the up-arrows before 'guests' in speech unit 65. This indicates that Maggie makes a step up in her voice, in order to make the falling tone. We will look more at this feature, known as 'high key', in later units.

4.3 Exercise 3

	ɪə	eə	ʊə	ɪə	ɪa	ɔɪ	əʊ	aʊ
days				✓				
might					✓			
pointing						✓		
pounds								✓
prepare		✓						
secure			✓					
sloe							✓	
years	✓							

5.2 Exercise 4

046 // ↘ and we ↑**MIGHT** even // 201	aɪ ✓
047 // → be **AB**le to **GET** some // 300	eɪ ✓ ☐
048 // ↘ **WILD** ↑**DAM**sons // 069	aɪ ✓
050 // → which **GROW** // 158	əʊ ✓
053 // ↘ is **FIN**ding them // 220	aɪ ✓

aʊ

ʊə ɔɪ

eə əʊ

ɪə

Chapter 4 – Answers

2.2 Missing sound

The /d/ at the end of 'assumed' is missing.

2.3 Missing sound

The /t/ at the end of 'couldn't' is missing.

3.4 Draw curves

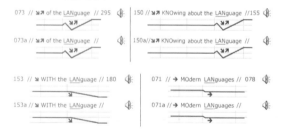

3.7 Exercise 2

001 // ↘ WHERE was it that you (yeah) WENT to uniVERsity	// 278
031 // ↗ YOU were at OXford	// 219
034 // ↘ did you enJOY your time	// 424
035 // ↘ at EXeter	// 120
064 // ↘ and were you THERE to STUdy languages	// 286
103 // ↘ you COULDn't fail the Oral	// 300
154 // → and the LANguages in QUEStion were	// 237

Notice that most of these questions have falling tones, even the 'Yes/No' questions. Most textbooks tell us that 'Yes/No' questions have rising tones; and that with falling tones they sound rude.

This is NOT TRUE

Falling tones are the most common types of tone in both statements and questions, and do not convey rudeness.

4.3 Exercise 3

	p	t	k	b	d	g	tʃ	dʒ
ability				✓				
change							✓	
change								✓
couldn't			✓					
doing					✓			
given						✓		
papers	✓							
tended		✓						

5.2 Exercise 4

076 // → **BUT** // 052	b
079 // ↘↗ mm **KU**dos and **GLO**ry // 125	k g
080 // → **TEN**ded **TO** // 120	t t
085 // ↗ i **DON'T** think people **PAID** a // 309	d p d
086 // ↘ a great deal of a**TTEN**tion to the **LAN**guage as such // 255	t dʒ tʃ
087 // ↘ it was a**SSUMED** you could ↓**DO** it // 316	d

Chapter 5 – Answers

2.2 Clear words

Whether a word is clear or not depends on the listener.
To me, 'with' & 'on' (195) and 'about' (197) are clear (but 'about' has no /t/). The other prepositions are not so clear.

3.3 Exercise 2

188 // ↘↗ this is ONE produced by PRIEStley   // 188
    o o **O** o o o o **O** o   [double]

191 // ↗ RAther a lot of conNECtions with BIRmingham // 199
   O o o o o o o **O** o o **O** o o   [triple]

192 // → ERM   // 053
   O   [single]

193 // → the ↑RUdiments of english GRAmmar   // 313
   o **O** o o o o o **O** o   [double]

194 // → aDAPted to the use of SCHOOLS   // 282
   o **O** o o o o o **O**   [double]

195 // ↘ with OBservations on STYLE   // 160
   o **O** o o o o **O**   [double]

197 // ↘ it's speCIfically about WRIting   // 148
   o o**O**o o o o **O** o   [double]

188 // ↘↗ this is ONE produced by PRIEStley // 188
  o o O o o o O o
188a //↘↗ this is ONE proDUCED by PRIEStley //
  o o O o o O o O o

193 // → the ↑RUdiments of english GRAmmar // 313
  o O o o o o o O o
193a // → the ↑RUdiments of ENGlish GRAmmar //
  o O o o o O o O o

194 //→aDAPted to the use of SCHOOLS // 282
  o O o o o o o O
194a // → aDAPted to the USE of SCHOOLS //
  o O o o O o O

195 // ↘ with OBservations on STYLE // 160
  o O o o o O
195a // ↘ with OBserVAtions on STYLE //
  o O o O o o O

197 // ↘ it's speCIfically about WRIting // 148
  o o O o o o o O o
197a // ↘ it's speCIfically aBOUT WRIting //
  o o O o o O O o

2.3 Noises

Squeak 202
Bang 204
Cough 207

Note
Geoff's pronunciation of one /wɒn/is very common, but it is not the standard /wʌn/.

Produced is non-prominent in a double-prominence speech unit. If it were prominent it would make a triple prominence speech unit as in 188a.

English is non-prominent in a double prominence speech unit. If it were prominent it would make 188 a triple prominence speech unit as in 193a.

Use is non-prominent in a double prominence speech unit. If it were prominent it would make a triple prominence speech unit as in 194a

Observations has a prominence on its first syllable in a double prominence speech unit. If its third syllable were also prominent then it would make a triple prominence speech unit as in 195a

About is non-prominent in a double prominence speech unit. If it received a prominence, it would make a triple prominence speech unit as in 197a.

Chapter 5 – Answers *continued*

3.8 Exercise 3

187 // ↘ this is ONE i'm going to be looking at in slightly more DEtail in fact // 408

Compare the original fast speech with the following slow and careful reading below.

187a // ↘ THIS IS ONE I'M GOing TO BE LOOKing AT IN SLIGHTly MORE DEtail IN FACT //

	slow careful	fast
this is	ðɪs ɪz	ʔɪsɪz
one	wɒn	wɒn
i'm going	aɪm gəuɪŋ	aɪŋgəu
to be looking at	tuː biː lukɪŋ æt	luŋjæt
in slightly more	ɪn slaɪtlɪ mɔː	ɪŋslaɪʔlɪmuː
detail	diteɪl	diteɪl
in fact	ɪn fækt	ɪnfækt

Note that the words 'to be looking at' are shortened to 'lungyat' (the words 'to be' are not heard); 'more' is close to 'moot'.

3.9 Why so many words, so quickly?

Why does Geoff speak so many words (fifteen – counting 'I'm' as one word) so quickly in a double prominence speech unit?

```
187 // this is ONE i'm going to be looking at in slightly more DEtail in fact //
```

Geoff speaks these words in this way because it was appropriate for the context (see section five of the transcript). He could have chosen to speak them differently, as he does with some of the words in other parts of the recording. In 187 above, the words 'this', 'is', 'looking', and 'slightly' are all non-prominent, but they occur with prominences in other speech units:

```
107 // → ↑THIS IS //092
```

```
004 // → by LOOking at //180
```

You can find these speech units in the Appendix.

```
032 // ↘ it's ↑SLIGHTly unUsual //193
```

Therefore Geoff could have spoken the words of 187 as follows, with one double and two triple prominence speech units:

```
187a // → ↑THIS IS // XXX
187b // ↘↗ ONE i'm GOing to be LOOking at // XXX
187c // ↘ in SLIGHTly MORE DEtail in fact // XXX
```

But he chose not to. Why? To be honest, I don't know. But it is important to notice that he, like all speakers, can choose different ways of saying words. Words and grammar do not force speakers to speak in fixed ways.

Chapter 5 – Answers *continued*

4.3 Exercise 4

	f	v	s	z	θ	ð	ʃ	ʒ
conventions		✓						
design				✓				
few	✓							
unusual								✓
notion							✓	
system			✓					
that's						✓		
thing					✓			

5.2 Exercise 5

042 // → but it IS   // 288
     z

043 // ↘ FAIRly TYPical   // 105
     f

046 // ↘↗ that it COvers   // 163
     v   z

048 // → i mean it's ALso fairly TYPical   // 229
     s   s   f

052 // ↘ oo oh SEventeenth century there   // 235
     s   v   θ   s   ð

053 // → SOrry this is JUST   // 296
     s   ð   dʒ

Chapter 6 – Answers

3.4 Exercise 2

195 // ↘ with **OB**servations on <u>STYLE</u>   // 160

117 // → it (IS)   // 116

118 // ↘ (fundamentally pre(scrip)tive   // 083

119 // ↘ (rather than (descriptive   // 125

120 // ↘ and it is (fundamentally in(tended)   // 145

121 // ↘ to be (practical)   // 188

Notice that 'observations' and 'fundamentally', like 'Sudanese' (see Section 2.3) have a prominence only on the first syllable. On this evidence, the rule is:

> If a word with two stresses (e.g. **ob**ser**va**tions) occurs early in a speech unit, the first of the two stresses is made prominent, and the second non-prominent (e.g OBservations).

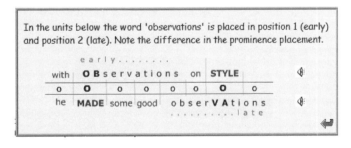

In the units below the word 'observations' is placed in position 1 (early) and position 2 (late). Note the difference in the prominence placement.

early........
with	**OB**servations	on	**STYLE**
o	**O**	o	o	o	o	**O**	o
he	**MADE**	some	good	obser**VA**tions
........late

Teacher

Speech unit 119 requires a different explanation. Geoff's pronunciation of 'descriptive' is surprising.

118 // ↘ FUNdamentally presCRIPtive   // 083
119 // ↘ RAther than DEScriptive   // 125

Geoff wants to make clear the difference between the two words 'prescriptive' and 'descriptive': the dictionary forms could be confused, so Geoff highlights the first syllable in 'descriptive', which most distinguishes it from 'prescriptive'. This results in an unusual ('wrong') sound-shape for the word 'descriptive' but this 'wrong' sound-shape is needed to communicate effectively in this context. (See next page.)

Chapter 6 – Answers *continued*

The first syllables of these words are what makes them different words. But these first syllables are spoken quickly, normally unhighlighted.

presCRIPtive
desCRIPtive

In most contexts, these words do not occur together, so the weak first syllables do not matter. But in 119 Geoff needs to make the difference clear.

> **Vocabulary**
> 'Prescriptive' in this context is an adjective describing a grammar, and means 'a grammar which gives you rules about what you should do'.'Descriptive' in this context is an adjective describing a grammar, and means 'a grammar which describes what real people do with language'. *Streaming Speech* is descriptive in this sense.

4.3 Exercise 3

	m	n	ŋ	w	l	r	j	h
around						✓		
heavy								✓
idealistic				✓				
ministry	✓							
northern		✓						
speaking			✓					
wet				✓				
year							✓	

5.2 Exercise 4

032 // ↘ and i ENded up WORking as a ↑ROADsweeper   // 222
             w   r

033 // ↘ for about NINE MONTHS   // 200
         n   m

038 // ↘↗ DUring the AUtumn and WINter   // 168
       ŋ   w n

041 // ↘ is a DREADful time of YEAR   // 305
                    j

042 // ↘ all those WET LEAVES   // 214
        w   l

043 // ↘ VEry HEAvy   // 192
    h

Chapter 7 – Answers

2.1 Prominences

The following words have two prominences in their dictionary forms, and only one prominence in the speech units:

> multidisciplinary; social science,
> biological science, anthropology, developmental.

3.4 Exercise 2

Richard
```
101 // ↘ DID you have a ↑HAppy time //   200
102 // ↘ at saint ↓CAT'S //                214
```
Rachel
```
103 // ↘ ↑YES //                           122
104 // ↘ ↑YES i ↑DID //                    282
105 // ↘ YEAH //                           199
106 // ↘ i REAlly enJOYED it //            240
```

2.2 Draw curves

> There are clear fall-rise tones in 077 and 078 - the one in 076 is slightly less clear.
>
> 076 // ↘↗ EACH COllege   // 200
>
> 077 // ↘↗ that HAD human scientists // 240
>
> 078 // ↘↗ had ONE TUtor   // 189

Making accurate judgements of high and low key is difficult. Do not worry if your judgments do not match mine. You may feel, for example, that 'did' in 104 is mid – because there is a little (but it is little, not distinct) step down after 'yes'. However, compared to the choices made in 105 and 106, Rachel is still in the high part of her voice.

You may recall from Chapter 4 …

You may recall a similar question and answer from Chapter 4: notice that Philip uses high key at the beginning of his answer.

Richard
```
034 // ↘ did you enJOY your time // 424
035 // ↘ at EXeter //    120
```
Philip
```
036 // → ↑ERM //   066
037 // ↘ ↑YES i DID //   112
```

High key often occurs at the beginning of a reply, or the beginning of a new topic. But it is also used to engage the interest of the listener: it is one of the choices that a speaker can use to vary the stream of speech, and highlight certain portions of it.

Low key often marks the end of a topic or question …

Similarly, low key often occurs to mark the end of a topic and at the end of a question – particularly in interviews. We can see high and low key at work in speech units 006-008:

```
006 // ↗ it's a ↑MULtidisciplinary deGREE // 118
007 // → er ↑PART SOcial science // 202
008 // ↘ and PART bio↓LOgical science // 181
```

Chapter7 – Answers *continued*

4.3 Exercise 3

```
001 //  ↘ WHAT did you STUdy //          241
         ☐              ✓
002 //  ↘↗ at | OX | ford //             171
              ✓
088 //  → FARMED | out | to | sta | TIS | tics //  194
            ✓                  ✓           ✓
089 //  → to | psy | CHO | logy //       133
              ☐     ☐
```

In 001, the 'wh' of 'what' has only one sound /w/ – but 'st' in 'study' is a cluster

spelling	what | did | you | stu | dy
sounds	/ wɒt | dɪd | juː | stʌ | di /
original	// WHAT did you STUdy // 241

In 088, there are three clusters: 'med' in 'farmed', 'st' & 'cs' in 'statistics' all have two sounds:/md/, /st/ & /ks/.

spelling	farmed | out | to | sta | tis | tics
sounds	/ fɑːmd | aut | tuː | stə | tɪs | tɪks /
original	// FARMED out to staTIStics // 194

In 002, the 'x' of 'Oxford' has two sounds – /ks/ – but 'rd' has only one sound – /d/:

spelling	at | ox | ford
sounds	/ æt | ɒks | fəd /
original	// at OXford // 171

In 089, there are no clusters. The spelling contains two pairs of consonant letters – 'ps'& 'ch' – but they have only one sound each: /s/ and /k/.

spelling	to | psy | cho | lo | gy
sounds	/ tuː | saɪ | kɒ | lə | dʒi /
original	// to psyCHOlogy // 133

4.5 Exercise 4

blackthorn	bl	self	lf
British	br	health	lθ
friends	fr	farmed	md
great	gr	range	ndʒ
human	hj	don't	nt
close	kl	statistics	st
crafts	kr	exist	st
statistics	ks	training	tr
quite	kw	parts	ts
world	ld	between	tw

5.2 Exercise 5

```
124 // → I                              // 030
125 // ↘ ⒤MNOT a ⒢REAT JOIner          // 083

127 // → i HAD a                        // 399
128 // ↘ a LIVEly social life           // 145
129 // → ⒜ND                            // 094
130 // ↘ a ⒢REAT big ⒢roup of ⒡FRIENDS // 180

132 // ↘ i'm NOT a great joiner         // 222
133 // ↘↗ and MAINly                    // 182
134 // → i jⒾst DID my own ↓THING       // 251
```

Chapter 8 – Answers

2.4 Terry's accent

The words that sound most different are: 'farm' 'near' 'where' 'park'. In these words, Terry makes the 'r' sound, Richard doesn't. There are other differences, but describing them would take us beyond the scope of this book.

3.3 Exercise 2

132 // ↘ this OLD japaNESE guy   // 242
         ↑

133 // ↘↗ who was SIXty years OLD   // 196
            ↑

134 // ↘ would put ONE hook of bananas // 292
         ↑

135 // ↗ on one SHOULder   // 208
       □

136 // ↘↗ ONE on aNOther shoulder // 137
   ↑

137 // ↘ and TWO on his HEAD   // 271
      □   ↑

4.2 Exercise 3

drag	dr	small	sm
glory	gl	spent	nt
grow	gr	spiders	sp
huge	hj	steadily	st
immunity	mj	swollen	sw
moved	vd	trunk	ŋk
pleasure	pl	walked	kt
problem	pr	weeds	dz

5.2 Exercise 4

104 // ↘ HUGE giGANtic   // 084
    hj   □

105 // ↘ disGUSting and   // 120
    □ □

106 // ↘ POIsonous SPIders   // 099
           sp

109 // ↗ you COME out in LUMPS   // 248
               mps

110 // ↗ and you GET all SWOllen // 300
          sw

113 // ↘ you deVElop immUNIty after a while // 226
             mj   □

The 'wh' in 'while' is normally one sound – /w/.

From the spelling, you might think that there are clusters in 'gigantic', and 'disgusting'. But if we look at the way they are divided into syllables, we can see that each consonant is in a different syllable:

gi	gan	tic
dis	gus	ting

When consonants occur in this way, in different syllables, they are not normally regarded as consonant clusters.

Chapter 10 – Answers

3.1 Corony

This is the correct answer.

056 // → i was DOing   // 🔊
057 // ↘ baTIK   //
058 // → ERM   //
059 // ↘ but QUITE BIG pieces //

Note. Another reasonable transcription of 056-7 is:

057a // ↘ i was DOing baTIK   // 🔊

But I prefer the two speech unit transcription because I hear is a slight pause, a change in the rhythm, after 'doing'.

3.2 Gail

This is the correct answer.

057 // → AND my COUsin   // 🔊
058 // ↘↗ HIS DAUGHter   //
059 // → ERM   //
060 // ↘↗ is REcently WIdowed   //
061 // → AND   //
062 // → has JUST   //
063 // ↘ MOVED in to LIVE with them //
064 // ↘ HAving SOLD her house   //

3.3 Geoff

This is the correct answer.

263 // ↘ the FIRST obSESSion is with voCAbulary   // 🔊
264 // → and THEN   //
265 // ↘ ONCE THAT'S been esTABlished   //
266 // ↘ once the MARket for that has been established //
267 // ↘↗ pEOple begin to REalise   //
268 // ↘↗ that there is ALso a market   //
269 // ↘ for TELLing people how to STRING the words to↓GETHer //

3.4 Bob

This is the correct answer.

049 // ↘↗ it was aROUND THEN   // 🔊
050 // → THAT   //
051 // → of a ↑MATE   //
052 // ↘↗ of MINE FROM BRADford   //
053 // → ERM   //
054 // ↘ a GUY called JAY   //
055 // → ER   //
056 // ↘ SENT me a POSTcard   //
057 // ↘ i got a POSTcard from a PLACE called al-oBEID //

APPENDIX Speech Unit Transcripts

This appendix contains the speech unit transcripts of the recordings. You can hear the recordings by clicking the speaker icons in the Speech unit transcripts pop-up box, which can be found by clicking on the button at the bottom of the left hand margin of the screen. The table below gives an overview of the number of sections, their speech unit numbers, their topic, and their duration.

Chapter 1 – Corony

	speech units	topic	seconds
1	001-037	A variety of small jobs (three)	40
2	038-055	A textile artist	21
3	056-075	Doing Batik	23
4	076-097	Employing someone else?	25
5	098-127	From Batik to language teaching	39

```
001 // ➚ ↑WHILE i was at uniVERsity // 173
002 // ➜ i was VEry inVOLVED // 164
003 // ➜ with THE // 140
004 // ➜ STUdents // 060
005 // ➘ ARTS society // 091
006 // ➘ which was ↓CALLED the ↓ARTS umBRELla // 179
007 // ➜ ERM // 145
008 // ➘ which i RAN // 180
009 // ➜ WITH // 088
010 // ➚ my THEN // 194
011 // ➘➚ BOYfriend // 100
012 // ➜ FOR // 256
013 // ➚ a COUple of YEARS // 240
014 // ➚ and WE set UP // 233
015 // ➘ a WHOLE lot of EVEning classes // 258
016 // ➜ ↓IN // 153
017 // ➚ ↓POTtery and // 181
018 // ➚ ↓WOODwork and // 127
019 // ➚ DRAma and that kind of THING // 282
020 // ➜ ERM // 047
021 // ➘ and I got very inVOLVED in those // 194
022 // ➜ when i ↑FINished at uniVERsity // 134
023 // ➘ because i was still LIving with // 313
024 // ➘➚ with this BOYfriend // 180
025 // ➜ ERM // 137
026 // ➚ erm i STAYed up THERE // 240
027 // ➜ and i GOT // 237
028 // ➜ PART time WORK // 097
029 // ➜ TEAching // 071
030 // ➘ ARTS and CRAFTS // 205
031 // ➚ at VArious PLAces // 135
032 // ➜ i was alREAdy by THAT stage // 197
033 // ➜ RUnning // 060
034 // ➘ a SNACKbar // 139
035 // ➘ THREE nights a ↓WEEK // 230
036 // ➜ WHICH // 069
037 // ➚ MADE quite a bit of MOney // 330
038 // ➜ ERM // 062
039 // ➘ and i ALso STARted up // 266
040 // ➘ my OWN business as a TEXtile artist// 227
041 // ➘ so i was SELF emPLOYED // 193
042 // ➚ doing a ↓NUMber of THINGS // 195
043 // ➜ ERM // 053
```
Richard:
```
044 //... so were ... // 078
```

045 //... <u>ERM</u> ... // 060
046 // ↗ <u>WERE</u> you su<u>CESS</u>ful // 169
047 // ↗ as a <u>TEX</u>tile <u>AR</u>tist // 206
048 //... or er ... // <u>120</u>
Corony:
049 //... i ↑<u>WAS</u> ... // 179
050 // ↗ quite suc<u>CESS</u>ful // 135
051 // ↘ i i didn't <u>MAKE</u> an awful lot of <u>MO</u>ney // 330
052 // ↗ in the <u>FIRST</u> couple of <u>YEARS</u> // 274
053 // → <u>ERM</u> // 071
054 // ↘ but i <u>SOLD</u> a lot of things // 373
055 // ↘ it was <u>OB</u>viously very <u>PO</u>pular // 266
056 // → i was <u>DO</u>ing // 206
057 // ↘ ba<u>TIK</u> // 060
058 // → <u>ERM</u> // 060
059 // ↘ but <u>QUITE</u> <u>BIG</u> pieces // 225
060 // → which i <u>MADE</u> in<u>TO</u> // 194
061 // ↘ <u>RO</u>ller blinds // 120
062 //... and ... // 156
063 // ↘↗ <u>CU</u>shions and <u>TA</u>bleclothes // 143
064 // ↘↗ <u>SOFT</u> <u>FUR</u>nishings // 120
065 // → cos i <u>REC</u>koned that // 240
066 // ↘ a <u>LOT</u> of people <u>DON'T</u> have <u>ROOM</u> on their walls // 297
067 // ↘ for <u>LARGE</u> <u>WALL</u>hangings // 141
068 // → <u>ERM</u> // 071
069 // ↘ and perhaps <u>AREN'T</u> prepared to <u>PAY</u> for them // 338
070 // ↘↗ but if you <u>TURN</u> them into a <u>RO</u>ller blind // 314
071 // ↘↗ there's a <u>SPACE</u> a<u>VAI</u>lable over their <u>WIN</u>dow // 191
072 //... that ... // 124
073 //...they wouldn't other be ... // 296
074 // → <u>WISE</u> be <u>U</u>sing for // 240
075 // ↘ a piece of <u>ART</u>work // 188
076 // → ↑<u>ERM</u> // 048
077 // ↘↗ i <u>HAD</u> an exhi<u>BI</u>tion // 189
078 // → <u>DOWN</u> // 071
079 // ↘ in <u>CORN</u>wall // 177
080 // ↘↗ at a <u>FRIEND'S</u> <u>GAL</u>lery // 240
081 // ↘ and <u>SOLD</u> <u>E</u>verything // 160
082 // ↘↗ and took <u>LOTS</u> of <u>OR</u>ders // 233
083 // → <u>ERM</u> // 060
084 // → it <u>GOT</u> to the <u>POINT</u> // 138
085 // → <u>WHERE</u> // 228
086 // ↘↗ if i was <u>GO</u>ing to make a <u>BU</u>siness out of it // 278
087 // ↘ i <u>HAD</u> to em<u>PLOY</u> someone <u>ELSE</u> // 269
088 // ↘ <u>FULL</u> <u>TIME</u> // 120
089 // → <u>TO</u> // 060
090 // ↘ <u>DO</u> all the <u>BO</u>ring bits // 270
091 // ↘ like Ironing <u>WAX</u> out of // 275
092 // ↗ bits of <u>CLOTH</u> // 278
093 //... and ... // 221
094 // → and <u>AC</u>tually <u>PUT</u>ting the things // 233
095 // → <u>ON</u>to the <u>RO</u>ller blinds // 240
096 // ↗ and <u>SO</u> on // 180
097// ↘ and <u>THAT</u> was quite a com<u>MIT</u>ment // 180
098 // → <u>ERM</u> // 042
099 // → and by ↑<u>THAT</u> <u>TIME</u> // 172
100 //... I ... // 077
101 // ↗ t t t <u>STAR</u>ted doing more <u>PART</u>time <u>TEA</u>ching // 134
102 // → and i'd <u>AL</u>so en<u>ROLLED</u> // 166
103 // → <u>ON</u> // 119
104 // ↘↗ on a <u>TEA</u>ching english as a foreign <u>LAN</u>guage course // 250
105 // → because <u>I</u> // 073
106 // ↘ <u>WAN</u>ted // 044
107 // → to <u>GO</u> // 301

108 // ↘↗ to SOUTH-east Asia // 151
109 // → TO // 081
110 // ↗ STUdy baTIK // 138
111 // → because THAT'S where // 228
112 // ↘ the ↓MAIN batik area IS // 236
113 // ↘ that's where it COMES from // 300
114 // → ERM // 052
115 // → AND // 028
116 // ↘ i THINK i CHICkened OUT // 264
117 // ↗ REAlly of // 141
118 // ↘↗ of TAking on an emploYEE // 215
119 // → AND // 051
120 // ↘ deCIded i MIGHT continue // 191
121 // ↘↗ to DO it PARTtime // 240
122 // → ERM // 060
123 // ↘↗ and CONcentrate MORE on the Other teaching // 198
124 // ↘ which was a BIT more seCURE // 232
125 // → ERM // 060
126 // ↘ which is HOW i got into // 164
127 // ↘ ENglish LANguage teaching // 163

Chapter 2 – Gail

	speech units	topic	seconds
1	01-37	Her uncle's jobs	42
2	38-53	Selling houses	12
3	54-74	Her uncle's future plans	25
4	75-98	Houses in New Zealand	24

Richard:
01 // ↘ WHAT sort of JOBS did they get // 215
Gail:
02 // → ERM // 069
03 // ↘ ↑WELL my // 331
04 // ↘ UNcle seems to have done EVerything from // 295
05 // ↗ KEEping PHEAsants // 127
06 // → TO // 075
07 // → ER // 170
08 // ↗ SELLing WINE // 120
09 // → ERM // 062
10 // ↗ he's ↑MOVED HOUSE a lot // 225
11 // → he SEEMS to move HOUSE // 159
12 // → EVery // 119
13 // ↘↗ THREE YEARS or so // 159
14 // → so he's LIVED // 228
15 // ↘ in WEllington // 136
16 // → AND // 150
17 // ↗ in MAny Areas of AUCKland // 153
18 // ↘↗ he TOOK me on a TRIP round AUCKland // 237
19 // → and ↑KEPT POINting out // 213
20 // ↘↗ the VArious HOUses // 115
21 // ↘↗ that he's LIVED in // 240
22 // → which GOT er // 180
23 // ↘↗ VEry beWILdering // 109
24 // → because he's LIVED in // 385
25 // ↘ so MAny different PLAces // 182
26 // → he's VEry GOOD // 123
27 // → AT // 176
28 // ↗ D i Y // 180
29 // ↗ so he BUYS a HOUSE // 166
30 // → AND erm // 199
31 // → ADDS a PORCH // 180

32 // ➜ imPROVES // 054
33 // ➜ the LIGHting // 145
34 // ↘↗ imPROVES the decoRAtion // 158
35 // ↘ and SELLS it // 180
36 // ↘ and MOVES on to another HOUSE // 180
37 // ↘ he can TURN his HAND to ANything // 209
Richard:
38 // ↘ so he MAKES MONey // 244
39 // ↘ on EACH SALE does he // 300
Gail:
40 // ➜ ERM // 526
41 // ➜ this is WHAT MY // 304
42 // ↘ COUsin ↓TELLS me // 220
43 // ↘ ↓YES // 181
44 [Laughter]
45 // ↘ ↑RIGHT // 030
46 // ↘ so he YES // 240
47 // ➜ he CERtainly // 184
48 // ↗ MAKES a small PROfit // 282
49 // ➜ he DOESn't // 140
50 // ➜ DO it ERM // 180
51 // ↘ for the MOney he's going to MAKE // 325
52 // ➜ but he DOESn't LOSE // 310
53 // ↘ when he SELLS his house // 300
54 // ➜ ER // 031
55 // ↗ he's CUrrently THINking of MOving aGAIN // 226
56 // ↗ he's EIGHty TWO // 189
57 // ➜ AND my COUsin // 089
58 // ↘↗ HIS DAUGHter // 120
59 // ➜ ERM // 103
60 // ↘↗ is REcently WIdowed // 117
61 // ➜ AND // 103
62 // ➜ has JUST // 221
63 // ↘ MOVED in to LIVE with them // 360
64 // ↘ HAving SOLD her house // 162
65 // ➜ ERM // 092
66 // ↘↗ he's HAving a house BUILT for her // 302
67 // ↗ which she'll MOVE into in FIVE months TIME // 221
68 // ↗ and when SHE moves OUT // 239
69 // ➜ TO // 159
70 // ↘ live in her NEW house // 281
71 // ↗ they will MOVE HOUSE // 156
72 // ↘ to be NEAR her // 240
73 // ↘ so he's ON the move a↓GAIN // 142
74 [sigh]
75 // ↘ they've had some VEry interesting // 201
76 // ↗ HOUses they've LIVED in // 276
77 // ↘↗ they LIVED in ONE house // 324
78 // ↘ with a ↑BALLroom underneath // 181
79 // ↘↗ so they had LOVEly PARties in this BALLroom // 193
80 // ➜ which HAD a // 201
81 // ➜ BAR // 119
82 //...and... // 073
Richard:
83 // ↗ oh it was a BALL [a MIrror] BALLroom // 440
84 // ↘ which THEY could control // 240
Gail:
85 // ↘ a ba a BALLroom in the ↑CEllar // 208
Richard:
86 // ↗↘ a BALLroom in the ↑CEllar // 300
Gail:
87 // ↘ m YES // 120
Richard:
88 // ↘ CRIkey // 078

Gail:

89 // ↘ they have LARGE CEllars in new zealand // 255
90 // ↘ they ↑DON'T LIVE in high ↓HOUses // 228
91 // ↘ they live in BUNgalows // 240
92 // → ↓OR // 060
93 // → what apPEAR to be BUNgalows // 259
94 // ↘↗ but MAY be TWO-storey HOUses // 120
95 // ↘ but they are Usually on STILTS // 241
96 // ↘↗ with GArages // 155
97 // → or LARGE // 219
98 // ↘ Areas underNEATH them // 172

Chapter 3 – Maggie

	speech units	topic	seconds
1	001-017	Maggie's plan	19
2	018-051	Making the drink	38
3	052-065	Why they enjoy it	13

Maggie:

01 // → BUT ERM // 110
02 // ↗ a↑PART from THAT // 190
03 // ↘ i ↑KNOW // 170
04 // → i'm GOing to BE // 240
05 // → GOing // 140
06 // → aWAY FOR // 120
07 // ↘ aNOther // 072
08 // ↗ LONG weekEND // 112
09 // ↘ per↑HAPS FIVE DAYS // 145
10 // ↘ into SHROPshire // 120
11 // ↗ AT the beGInning of AUtumn // 151
12 // ↘ with my MUM // 180
13 // ↘ beCAUSE // 060
14 // ↘ we REALLY enJOY // 082
15 // → ERM // 137
16 // ↘ PICking SLOES // 085
17 // ↘ in the COUNtryside // 130
18 // ↗ NOW // 057
19 // ↘ the SLOE is of course of the FRUIT // 365
20 // → OF // 241
21 // ↘ the BLACKthorn bush // 180
22 // ↘↗ AND SHROPshire // 098
23 // ↘ is FULL // 149
24 // ↘ of BLACKthorn bushes // 151
25 // ↗ and ↑WHAT we DO // 207
26 // ↘ is we collect POUNDS and POUNDS // 181
27 // → and ↑THEN we WILL // 209
28 // ↗ go and BUY // 373
29 // ↘ some CHEAP ↓GIN // 172
30 // ↘↗ from an OFF licence // 220
31 // → AND // 081
32 // ↘ some SUgar // 120
33 // ↘↗ and GO back to the COttage // 243
34 // → that WE HAVE ERM // 190
35 // ↘ we've ↓BOOKED // 120
36 // → AND ERM // 106
37 // ↘ prePARE SLOE ↑GIN // 138
38 // ↘ for CHRISTmas // 120
39 // ↘ SO MUM normally // 112
40 // → WILL // 102
41 // ↘ BOttle around FOUR whole bottles of // 200
42 // ↗ OF of GIN // 180
43 // ↘↗ and ↑I'LL do LIKEwise // 132

```
44 //  ➔ ERM // 087
45 //  ➔ and THEN er // 190
46 //  ↘ and we ↑MIGHT even // 201
47 //  ➔ be ABle to GET some // 300
48 //  ↘ WILD ↑DAMsons // 069
49 //  ➔ ERM // 097
50 //  ➔ which GROW // 158
51 //  ↘ in SHROPshire as WELL // 157
52 //  ↘ ↑ALL the FUN is // 198
53 //  ↘ is FINding them // 220
54 //  ↘ and colLECting them // 285
55 //  ↘ from the HEDGErows // 244
56 //  ➚ of COURSE // 120
57 //  ➔ AND er // 204
58 //  ➔ and THEN you feel // 430
59 //  ↘ REAlly POsitively VIRtuous // 139
60 //  ↘ at CHRIStmas // 213
61 //  ➔ when you've got ALL this HOME-made // 200
62 //  ➚ SLOE GIN // 107
63 //  ➔ TO // 169
64 //  ➔ GIVE er // 290
65 //  ↘ GIVE to all your ↑GUESTS // 238
```

Chapter 4 – Philip

	speech units	topic	seconds
1	001-033	Richard and Philip talk about Oxford colleges	30
2	034-062	Philip explains why he enjoyed his time at Oxford	31
3	063-100	Oxford's Modern languages degree	40
4	101-137	The oral exam	31
5	138-160	Knowing versus using languages	28

Richard:
```
001 //  ↘ WHERE was it that you (yeah) WENT to uniVERsity // 278
```
Philip:
```
002 //  ↘ OXford // 060
```
Richard:
```
003 //  ↘ OH of COURSE // 216
004 //  ↘ QUEENS // 062
```
Philip:
```
005 //  ↘ NO // 184
```
Richard:
```
006 //  ↘ TRInity // 108
```
Philip:
```
007 //  ↘ NO // 128
```
Richard:
```
008 //  ↘ no OH // 160
```
Philip:
```
009 //  ↘ you've aNOther TWEnty-eight to GO // 170
010 //  ↘ it WASn't saint HILda's // 262
011 //  ↘ ↓EIther // 194
```
Richard:
```
012 //  ↘ JEsus // 060
```
Philip:
```
013 //  ➔ ↓NO // 060
014 //  ↘ huh huh OH SORry // 233
015 //  ? ...was THAT... // 324
```
Richard:
```
016 //  ↘ CORpus // 068
```
Philip:
```
017 //  ↘ NO // 185
```

Richard:
018 // ↘ HERTford // 100
Philip:
019 // ↘ NO // 060
Richard:
020 // ↘ WADham // 080
Philip:
021 // ↘ NO // 060
Richard:
022 // ↘ give ↓UP // 091
Philip:
023 // ↘ EXeter // 092
Richard:
024 // [SIGHS] //
025 // ↘ oh we've BEEN through this beFORE // 303
026 // ↘ but i CAN'T remember i'm SOrry // 363
Philip:
027 // ↘ ↑NO well there's // 390
028 // ↘ NO reason why you SHOULD // 300
029 // ↘↗ i mean i DON'T remember where YOU were // 277
030 // → OR // 060
031 // ↗ YOU were at OXford // 219
Richard:
032 // ↘ yeah KEble // 133
Philip:
033 // ↘ KEble // 111
Richard:
034 // ↘ did you enJOY your time // 424
035 // ↘ at EXeter // 120
Philip:
036 // → ↑ERM // 066
037 // ↘ ↑YES i DID // 112
038 // → ERM // 082
039 // → because I was // 205
040 // ↘↗ i was DOing // 180
041 // ↘ ON the WHOLE // 163
042 // → SUBjects that I was // 151
043 // ↘ very INterested in DOing // 139
044 // ↘↗ and i i'd MADE up my MIND // 244
045 // ↘ before i WENT // 239
046 // ↗ you KNOW // 353
047 // ↘ WHAT it was i wanted to DO // 417
048 // ↘ and aPPLIED to do THAT // 300
049 // → and it was a CHANGE from // 357
050 //...the... // 067
051 // ↘ ↓SUBject i'd been doing at SCHOOL // 179
052 // → ↑ERM // 060
053 // → ER // 049
054 // ↘↗ but you VEry QUICKly // 254
055 // → FOUND // 075
056 // → ERM er // 181
057 // ↗ you KNOW // 420
058 // → WHERE // 224
059 // ↘ the aCHIllies HEEL // 182
060 // ↘↗ of the SYStem WAS // 168
061 // ↘ which was they COULDn't teach LANguages // 179
062 // ? [chuckles] //
063 // → SO // 094
Richard:
064 // ↘ and were you THERE to STUdy languages // 286
Philip:
065 // → WELL i was i was DOing // 248
066 // → ERM // 088
067 // → a MOdern languages degree in OXford // 218

068 // → IS // 109
069 // → ERM // 096
070 // → a STUdy of // 226
071 // → MOdern LANGuages // 078
072 // → AND // 119
073 // ↘↗ of the LANguage // 295
074 // → AND // 142
075 // ↘ LIterature // 060
076 // → BUT // 052
077 // → ERM // 102
078 // → ALL THE // 117
079 // ↘↗ mm KUdosand GLOry // 125
080 // → TENded TO // 120
081 // ↗ acCUmulate on the ↑LIterature SIDE // 149
082 // → AND erm // 120
083 // [breath] //
084 // → ER // 147
085 // ↗ i DON'T think people PAID a // 309
086 // ↘ a great deal of aTTENtion to the LANguage as such // 255
087 // ↘ it was aSSUMED you could ↓DO it // 316
088 // → ER you could // 195
089 // ↗ you KNOW // 140
090 // ↗ SPEAK all RIGHT // 230
091 // ↗ or SOMEthing like THAT // 240
092 // ↘ the deMANDS on // 203
093 // ↗ your SPEAking and WRIting // 240
094 // ↗ were NOT very GREAT // 293
095 // → in FACT you could // 259
096 // ↘ YOU could // 140
097 // ↗ go RIGHT through and get a deGREE with // 338
098 // ↘↗ in THOSE days // 257
099 // ↘↗ CERtainly // 128
100 // ↘ without SPEAking a WORD of the LANguage // 205
101 // ↘ because you COULDn't fail the Oral // 250
102 // [pause] //
Richard:
103 // ↘ you COULDn't fail the Oral // 300
Philip: [overlap between square brackets]
104 // ↘ you COULDn't fail [the Oral] // 356
Richard: [overlap between square brackets]
105 // ↘↗ [there WAS one] // 783
106 // ↘ but you couldn't FAIL it // 492
Philip:
107 // ↘ YES // 330
108 //...there was an... // 404
109 // ↗ there was an Oral // 280
110 // → AND // 103
111 // → the ONly THING that // 283
112 // ↘ you you TOOK about // 240
113 // ↘↗ for FInals // 190
114 // → you TOOK aBOUT // 180
115 // ↘ TWELVE written ↓PApers // 208
116 // ↗ or SOMEthing // 120
117 // ↘ AND there was an Oral // 275
118 // ? [breath] //
119 // → ERM // 124
120 // → AND / 104
121 // ↘ the ONly thing that could ha // 259
122 // ↘ HAppen // 102
123 // ↗ as a reSULT of the Oral // 333
124 // → WAS // 248
125 // ↘↗ if you did WELL enough // 353
126 // → you'd be GIVE GIven a // 300
127 // → disTINCtion // 101

```
128 // ↘ in the USE of the spoken LANguage // 225
129 // → ERM // 060
130 // ↘ but THAT was ALL // 268
131 // → it COULDn't // 120
132 // → ERM // 145
133 // ↘ reDUCE your // 133
134 // ↗ deGREE // 097
135 // ↘ or reDUCE the AVerage // 266
136 // ↗ on the written PApers // 295
137 // ↘ or anything LIKE that // 240
138 // → MM // 057
139 // → and so IT // 196
140 // ↘↗ i i in THOSE days it // 360
141 // ↗ it was it you KNOW // 344
142 // ↘↗ the aBILity to DO things // 204
143 // ↗ WITH the LANguage // 235
144 // ↗ WASn't TAken SEriously // 137
145 // ↘ it was the ability to KNOW things aBOUT the language // 214
146 // ↘ but esPEcially about the LITerature // 181
147 // ↘ that was ↓VAlued // 090
148 // → and i was I was // 210
149 // → MORE interested IN // 180
150 // ↘↗ KNOwing about the LANguage // 155
151 // ↘ and also in DOing things // 223
152 // → with THE // 120
153 // ↘ with the LANguage // 180
```
Richard:
```
154 // → and the LANguages in QUEStion were // 237
```
Philip:
```
155 // → WELL the the // 198
156 // ↘ the MAIN one // 404
157 // ↘ was GREEK // 183
158 // ↘ MOdern greek // 120
159 // → AND // 156
160 // ↘ and the Other one was RUssian // 357
```

Chapter 5 – Geoff

	speech units	topic	seconds
1	001-062	The title page of the Miege grammar	60
2	063-105	Reading out the title page	40
3	106-137	The purpose of the Miege grammar	38
4	138-171	Where to find this book in the library	35
5	172-228	Priestley's grammar	65
6	229-269	Grammars for moral improvement	43

Geoff:
```
001 // ↗ ERM // 113
002 // ?...i WANT to // 281
003 // → START // 086
004 // → by LOOking at // 180
005 // → SOME // 046
006 // ↘ SEventeenth and EIGHteenth century ↓GRAmmars // 190
007 // → MOSTly // 108
008 // ↘ EIGHteenth CENtury // 120
009 // → as ↑PART of // 165
010 // ↘ a LONG traDItion // 110
011 // → OF // 095
012 // → ERM // 060
013 // → BOOKS // 060
014 // → WHICH // 076
```

015 // ➔ purPORT // 060
016 // ➔ TO // 060
017 // ↗ desCRIBE // 133
018 // ↘ CERtain aspects of the english ↓LANguage // 269
019 // ➔ em and aVOIding // 184
020 // ↘ Using the word GRAmmar diRECTly there // 197
021 // ➔ because THEY // 190
022 // ➔ OFten do // 215
023 // ↘ RAther different THINGS // 135
024 // ?...ee... // 177
025 // ➔ when they HAVE // 221
026 // ➔ the SAME // 330
027 // ↘ sort of ↓NAME // 299
028 // ➔ ↑THIS is THE // 347
029 // ↗ the TITle PAGE of a // 443
030 // ➔ FAIRly // 135
031 // ↗ TYpical ONE // 120
032 // ↘ it's ↑SLIGHTly unUsual // 193
033 // ➔ IN that // 238
034 // ➔ its ONE of the very FEW // 326
035 // ➔ GRAmmars of ENGlish // 250
036 // ↘ proDUCED by a NON-native SPEAker // 146
037 // ?...it's... // 083
038 // ↗ produced by GUY miEGE // 175
039 // ↘ who is the AUthor of the GREAT FRENCH DICtionary // 280
040 // ↗ as you can SEE // 298
041 // ↗ DOWN there // 175
042 // ➔ but it IS // 288
043 // ↘ FAIRly TYPical // 105
044 // ➔ in TERMS of the // 179
045 // ➔ the sort of THING // 288
046 // ↘↗ that it COvers // 163
047 // ➔ ERM // 060
048 // ➔ i mean it's ALso fairly TYPical // 229
049 // ↘ EIGHteenth century TItle page // 194
050 // ↗ you KNOW in // 342
051 // ➔ TERMS of the // 180
052 // ↘ oo oh SEventeenth century there // 235
053 // ➔ SOrry this is JUST // 296
054 // ↘ LATE seventeenth century // 216
055 // ?..but it... // 166
056 // ↘ it's ON the ↓WAY // 436
057 // ➔ ERM // 045
058 // ➔ ↑LOTS of nice EMphasis // 240
059 // ↘↗ LOTS of use of different TYPEfaces // 296
060 // ➔ just to show the PRINter's GOT a good // 459
061 // ↘ coLLECtion of them // 218
062 // ↘ THAT sort of thing // 240
063 // ➔ the it's ↑THE // 292
064 // ?...it's... // 291
065 // ↗ the ↑ENGlish GRAmmar // 288
066 // ↘ OR the GROUNDS and GEnius // 216
067 // ↗ of the english TONGUE // 287
068 // ➔ with a preFAtory DIScourse // 185
069 // ➔ conCERNing it's oRIginal // 127
070 // ↘↗ and ↑EXcellency // 109
071 // ↗ that ↑DOESn't seem to make SENSE // 352
072 // ↘↗ but DON'T worry TOO much about that // 397
073 // ↗ ↑AND // 060
074 // ?...it wbut... // 214
075 // ↘↗ BY oRIginal // 245
076 // ↘ it MEANS where it ↓CAME from // 337
077 // ➔ i it's o↓RIginal // 170
078 // ↘ ↓SOURCE and so on // 255

079 // ↗ and at the <u>END</u> // 444
080 // → a co↑LLECtion <u>OF</u> // 328
081 // ↘ the ENGlish ↑<u>MO</u>no // 200
082 // → <u>SYLL</u>ables // 109
083 // → BEing the <u>RA</u>dical // 201
084 // → ↓PART of the <u>LAN</u>guage // 240
085 // → ↑<u>THAT'S</u> // 060
086 // ↗ LAYing <u>OUT</u> // 101
087 // → WHAT sort of <u>THING</u> // 238
088 // → <u>THE</u> // 178
089 // ↘ the the GRAmmar ↓<u>IS</u> // 298
090 // ↘ but then it REAlly <u>TELLS</u> you // 360
091 // ↘↗ eXACtly what it's <u>FOR</u> // 225
092 // → <u>IN</u> the // 306
093 // ↗ SMALL <u>PRINT</u> // 204
094 // ↘ which you PRObably can't actually <u>READ</u> // 337
095 // ↗ down <u>HERE</u> // 120
096 // → where<u>IN</u> // 121
097 // → ↑<u>TRUE</u> <u>SPE</u>lling // 080
098 // ↘↗ and <u>PRIN</u>ting // 120
099 // → the ↑<u>U</u>sual abbrevi<u>A</u>tions // 196
100 // → the several <u>HANDS</u> used in <u>WRI</u>ting // 235
101 // → and ↑<u>CHA</u>racters in <u>PRINT</u>ing // 201
102 // → the va<u>RI</u>ety of <u>STYLES</u> // 161
103 // ↘↗ and the <u>ME</u>thod of <u>BOOKS</u> etcetera // 227
104 // ↘ ARE ex<u>PLAINED</u> // 108
105 // ? [pause] //
106 // ?...so that... // 186
107 // → ↑<u>THIS</u> <u>IS</u> // 092
108 // ↘ a <u>MAN</u>ual // 055
109 // → <u>FOR</u> // 093
110 // → <u>BOTH</u> // 125
111 // → <u>REA</u>ding // 138
112 // ↘ and <u>WRI</u>ting // 145
113 // ↘↗ ef↓<u>FEC</u>tively // 105
114 // → it's a <u>MAN</u>ual // 308
115 // ↘ well well it's <u>MORE</u> of a manual for <u>WRI</u>ting in fact // 386
116 // ↘ Even though it is for <u>REA</u>ding // 407
117 // → it <u>IS</u> // 116
118 // ↘ FUNdamentally pres<u>CRIP</u>tive // 083
119 // ↘ RAther than <u>DES</u>criptive // 125
120 // ↘ and it is FUNdamentally in<u>TEN</u>ded // 145
121 // ↘ to be ↓<u>PRAC</u>tical // 188
122 // → it's in<u>TEN</u>ded to en<u>SURE</u> // 129
123 // → that <u>YOU</u> can // 250
124 // ↗ pro↑<u>DUCE</u> // 056
125 // ↘↗ GOOD <u>ENG</u>lish // 071
126 // ?...in in... // 200
127 // ↗ SEveral <u>SETS</u> of inverted <u>CO</u>mmas // 179
128 // → <u>AND</u> 067 //
129 // ↘ that you can UNder<u>STAND</u> // 154
130 // ↘ the con<u>VEN</u>tions that are ↓<u>USED</u> // 174
131 // ↘ within the <u>PRIN</u>ting 101 //
132 // ↘ of ↓<u>ENG</u>lish 151 //
133 // ? [pause] //
134 // ↘ we're <u>NOT</u> going into great <u>DE</u>tail // 310
135 // → <u>ERM</u> // 077
136 // → a<u>BOUT</u> <u>THE</u> // 113
137 // ↘ ACtual <u>CON</u>tents of that // 180
138 // ↘↗ but if you ↑<u>WANT</u> to have a <u>LOOK</u> at // 563
139 // ?...ANy of the... // 387
140 // → the <u>BOOKS</u> i'm referring to in more ↓<u>DE</u>tail // 239
141 // → they're a<u>VAI</u>lable // 140
142 // → <u>IN</u> // 143

```
143 // ↘↗ this RAther WONderful // 226
144 // ↘ SCHOlar facSIMile // 096
145 // ↗ SEries // 050
146 // → ERM // 148
147 // → withIN // 087
148 // ↗ PEE twenty-FIVE // 068
149 // → which i ↑THINK now is IN // 233
150 // → THREE // 038
151 // ↘ BEE // 211
152 // ↘↗ or SOMEthing like that // 355
153 // ↘↗ because EVerything's been MOVED around in the LIbrary // 392
154 // → beCAUSE of THE // 488
155 // ↘ the the BUILding work // 240
156 // ↘ if you can GET through the BRICK DUST and things // 299
157 // ↘↗ and COPE with the NOISE of the DRIlling // 382
158 // → you'll FIND that there's er erm // 249
159 // → a a COUple of ERM // 300
160 // ↘↗ erm there are a couple of WALLS // 321
161 // ↘ of SHELVES // 156
162 // ↘ which are just TOtally DARK GREEEN // 244
163 // ↘ there do ABsolutely SOlid // 176
164 // ↘ WITH these BINdings // 159
165 // → and they are ALL facSImiles of // 238
166 // ↘ BOOKS aBOUT LANguage // 118
167 // ↘↗ NOT always about ENGlish language // 300
168 // ↘↗ BOOKS about LANguage // 218
169 // → PUBlished during THE // 180
170 // → SIXteenth SEventeenth // 120
171 // ↘ EIGHTeenth CENtury // 120
172 // → ↑AND // 047
173 // ↘ the ↑WHOLE NOtion // 127
174 // → OF // 145
175 // → ERM // 060
176 // ? [rustle] //
177 // ↘↗ WHAT a grammar is FOR // 233
178 // ↘ SEEMS to be pretty well // 130
179 // ↗ SUMMED UP // 120
180 // ↗ withIN that // 120
181 // → it's NOT // 120
182 // ? [pause] //
183 // → necessArily THE // 046
184 // ↘ the ONly type of // 240
185 // ↗ ↓GRAmmar that there IS // 240
186 // → but THIS is aNOther // 122
187 // ↘ this is ONE i'm going to be looking at in slightly more DEtail in fact // 408
188 // ↘↗ this is ONE produced by PRIEStley // 188
189 // → who's GOT // 235
190 // → of COURSE // 182
191 // ↗ RAther a lot of conNECtions with BIRming ham // 199
192 // → ERM // 053
193 // → the ↑RUdiments of english GRAmmar // 313
194 // → aDAPted to the use of SCHOOLS // 282
195 // ↘ with OBservations on STYLE // 160
196 // ↘ so aGAIN // 400
197 // ↘ it's speCIfically about WRIting // 148
198 // ↗ ↑PRIEStley SAYS in his PREface at ONE point // 248
199 // ? ...that... // 216
200 // ↘ he ↑ DID ↑ TOY with the idea // 237
201 // → of inCLUding // 099
202 // ↘ a SEries of exAMples of BAD english // 209
203 // ↘ towards the END of the book // 364
204 // ↘ so that you'd KNOW exactly what to aVOID // 348
205 // ? ...this GIVES... // 276
206 // → GIVES the WHOLE iDEa of // 377
```

207 // ↘ what it's ALL a↓BOUT // 302
208 // → it's aBOUT // 163
209 // → ↑TELling you exACtly how ENGlish // 198
210 // → SHOULD and should NOT // 216
211 // ↘ be pro↓DUCED // 160
212 // → there's NO // 154
213 // ↘ preTENCE // 089
214 // ↘ at any POINT // 245
215 // ↗ of TRYing to desCRIBE the opeRAtion // 218
216 // ↘ of SOME sort of natural ↓SYStem // 264
217 // → it's ALL // 140
218 // → there's an AWful lot of MOral // 312
219 // ↘ EXhorTAtion in these things // 205
220 // ↗ and VEry often // 400
221 // ↗ the exAMples that are USED // 333
222 // → are NOT JUST // 222
223 // ? [cough cough] //
224 // ↘ graMAtically good // 086
225 // → IN THE // 136
226 // → ERM // 222
227 // → AUthor's TERMS // 125
228 // ↘ they are ACtually MOrally upLIFting // 154
229 // ↗ it's RAther LIKE // 353
230 // ↘↗ JOHNson's DICtionary // 145
231 // ↘↗ where he TRIES to USE exAMples // 233
232 // ↗ that WON'T just SHOW you // 426
233 // ↘ how the LANGuage is supposed to be USED // 287
234 // ↘↗ but ALso // 205
235 // ↘ how LIFE is supposed to be ↓LIVED // 308
236 // → it's ALL PART of a // 333
237 // ↘ a a GREAT MOral deSIGN // 189
238 // → LAXity in LANguage // 112
239 // → is JUST as immOral // 250
240 // ↘ as LAXity in anything ↓ELSE // 192
241 // → AND // 087
242 // → the THESE are ALL // 240
243 // ↘ AIMED // 068
244 // ↘ at TRYing to pre↓VENT that // 217
245 // ↘↗ i ↑WANT to look at PRIESTley in a bit more DEtail // 470
246 // ↘↗ LAter // 124
247 // → ↑ERM // 166
248 // → PRIESTley's IS // 100
249 // ↘↗ INteresting // 062
250 // → because he FOllows // 237
251 // ↘↗ a traDITion // 120
252 // → WHICH // 030
253 // → MAny GRAmmar // 106
254 // ↘↗ WRIters // 075
255 // → ha have FOllowed // 180
256 // → i suPPOSE COpying // 165
257 // → the MAny // 317
258 // ↗ DICtionary MAkers // 120
259 // ↘ who had pre↑CEded them // 304
260 // → because GEnerally GRAmmars // 222
261 // ↘ TEND to come AFter dictionaries // 270
262 // ? ...dic... // 522
263 // ↘ the FIRST obSESSion is with voCAbulary // 181
264 // → and THEN // 120
265 // ↘ ONCE THAT'S been esTABlished // 151
266 // ↘↗ once the MARket for that has been established // 329
267 // ↘↗ pEOple begin to REalise // 337
268 // ↘↗ that there is ALso a market // 360
269 // ↘ for TELLing people how to STRING the words to↓GETHer // 270

Chapter 6 – Bob

	speech units	topic	seconds
1	001-036	What Bob wouldn't do	39
2	037-046	Wet leaves in London	11
3	047-066	A friend in Sudan	28
4	067-092	The need for teachers in Sudan	28
5	093-113	A job in the Nuba Hills	24

```
001 // ↘ i was ↑VEry ideaLIStic // 131
002 // ↘ i ↓GUESS in ↓THOSE days // 300
003 // → i ↑HAD my deGREE // 225
004 // → i i ↑FINished with BRADford // 207
005 // → i ↑WENT back to LONdon // 300
006 // ↘↗ MOVED back in with my PArents // 272
007 // ↘ BRIEFly // 060
008 // → ERM // 026
009 // → AND ↑BEing // 185
010 // ↗ sort of VEry ideaLIStic // 207
011 // ↗ there were ALL sorts of THINGS // 349
012 // ↘  i WOULDn't DO // 181
013 // ↗ you KNOW // 219
014 // → i WASn't going to WORK // 300
015 // ↗ for NO BANKS // 180
016 // → i WASn't going to WORK  // 272
017 // → for NOthing // 148
018 // ↘ that had ANything // 263
019 // → to DO with ERM // 240
020 // ↘ ARMS // 055
021 // → OR ER // 133
022 // ↗ you ↓KNOW // 139
023 // → the MILitary  // 206
024 // ↘↗ i WASn't going to WORK for THIS // 361
025 // ↘ i WASn't going to WORK for THAT // 444
026 // ↘↗ and BAsically // 178
027 // ↗ by the TIME you got to the END of the LIST // 491
028 // ↘ of what i WASn't GOing to do // 302
029 // → ERM // 068
030 // ↘ there WASn't an awful lot ↑LEFT // 259
031 // → ERM // 053
032 // ↘ and i ENded up WORking as a ↑ROADsweeper // 222
033 // ↘ for about NINE MONTHS // 200
034 // → CLEAning // 112
035 // → the STREETS of ↓ER // 205
036 // ↘ S E twenty TWO // 159
037 // → ERM // 055
038 // ↘↗ DUring the AUtumn and WINter // 168
039 // → which as Any // 230
040 // ↘↗ ROADsweeper will TELL you // 219
041 // ↘ is a DREADful time of YEAR // 305
042 // ↘ all those WET LEAVES // 214
043 // ↘ VEry HEAvy // 192
044 // ↘ WET LEAVES // 183
045 // ↗ once you GET them in a PLAstic SACK // 340
046 // ↘ and PRESS them DOWN a bit // 360
047 // → ERM // 030
048 // → AND // 021
049 // ↘↗ it was aROUND THEN // 119
050 // → THAT // 066
051 // → of a ↑MATE // 176
052 // ↘↗ of MINE FROM BRADford // 120
```

Speech unit transcripts

```
053 //  ➔ ERM // 074
054 //  ↘ a GUY called JAY // 207
055 //  ➔ ER // 049
056 //  ↘ SENT me a POSTcard // 307
057 //  ↘ i got a POSTcard from a PLACE called al-oBEID // 265
058 //  ➔ in ER // 120
059 //  ↘ CENtral suDAN // 120
060 //  ➔ WHERE this GUY had // 119
061 //  ↘↗ SURfaced // 054
062 //  ➔ HAving // 060
063 //  ➔ ERM // 060
064 //  ➔ TAken a JOB // 233
065 //  ➔ FOR the // 163
066 //  ↘ SUdanese ministry of eduCAtion // 120
067 //  ➔ ERM // 060
068 //  ➔ the SUdanese having LOST // 149
069 //  ↘ a lot of their BEST TEAchers // 180
070 //  ➔ ERM // 071
071 //  ↘↗ a sort of a BRAIN drain to the GULF states // 250
072 //  ➔ WHERE // 159
073 //  ➔ WHERE // 203
074 //  ↘ SUdaNESE // 068
075 //  ↘ NORthern sudanese // 120
076 //  ↘↗ SPEAking Arabic // 120
077 //  ↘ found it EAsy to get ↑WORK // 290
078 //  ➔ ↓IN // 043
079 //  ➔ ↓IN // 157
080 //  ↘↗ SAUdi aRAbia // 135
081 //  ↘↗ and the GULF states // 353
082 //  ↘ and ↓SO on // 337
083 //  ➔ and ↓ER // 120
084 //  ↘ SO suDAN // 060
085 //  ↘ which was DREADfully // 226
086 //  ↘ POOR // 194
087 //  ➔ DIDn't have // 209
088 //  ? ...any... // 283
089 //  ↘  PROper TEAchers // 120
090 //  ↘ and so they were CRYing out for TEAchers of all SORTS of stuff // 277
091 //  ➔ ERM // 111
092 //  ↘ parTIcularly ENGlish // 083
093 //  ➔ AND ER // 075
094 //  ➔ and THAT'S where my caREER in er // 238
095 //  ↘ teaching ENGlish // 120
096 //  ↗ took OFF // 120
097 //  ➔ i aPPLIED // 111
098 //  ➔ and ENded up IN er // 300
099 //  ➔ ERM // 060
100 //  ➔ FIRST in // 166
101 //  ↘ in the FAR WEST of sudan // 247
102 //  ➔ in a ↓PLACE called miAla // 300
103 //  ➔ AND THEN // 231
104 //  ➔ for a YEAR IN er // 300
105 //  ➔ ERM // 060
106 //  ↘ the NUba HILLS // 142
107 //  ↘ the NORthern end of the nuba HILLS // 309
108 //  ➔ a TOWN // 175
109 //  ➔ ↓LIttle town called DEninge // 159
110 //  ➔ ERM // 029
111 //  ↘ YES // 086
112 //  ↘ and the REST is ↑HIStory // 234
113 //  ➔ as THEY SAY // 180
```

143

Chapter 7 – Rachel

	speech units	topic	seconds
1	001-017	Degree course at Oxford	19
2	018-055	The structure of the course	39
3	056-100	College but no faculty	44
4	101-143	Social life	41
5	144-182	Work in India	46
6	183-230	Administration jobs	56

Richard:
001 // ↘ WHAT did you STUdy // 241
Rachel:
002 // ↘↗ at OXford // 171
Richard:
003 // ↘ YEAH // 264
Rachel:
004 // ↘ HUman SCIences // 093
Richard:
005 // ↘ what what are ↓THEY // 246
Rachel:
006 // ↗ it's a ↑MULtidisciplinary deGREE // 118
007 // → er ↑PART SOcial science // 202
008 // ↘ and PART bio↓LOgical science // 181
009 // → so i DID // 427
010 // ↘ a whole RANGE of subjects // 259
011 // → ranging from SOciOlogy // 142
012 // → SOcial anthroPOlogy // 130
013 // → deVElopmental psyCHOlogy // 072
014 // → HUman // 080
015 // ↘↗ geOgraphy // 069
016 // → geNEtics // 060
017 // ? [Pause] // 034
Richard:
018 // ? ...does it does it ACtually... // 347
019 // ? ...it SOUNDS like // 198
020 // ↘ to ME // 179
021 // ? ...as a... // 369
022 // ↘ as a NON SCIentist // 271
Rachel/Richard:
023 // ↘ MMM/↓OR // 112
Richard:
024 // ↘ NOT in not in that Area Anyway // 420
025 // → it SOUNDS like ER // 191
026 // ↘↗ a HUGE MIXture // 148
027 // ↘ of DISparate THINGS // 219
028 // ? ...it was it... // 391
029 // ? ...was it ... // 180
030 // ? ...a coHErent... // 086
031 // ↘ COURSE of ↑STUdy do you think // 278
Rachel:
032 // → ITS // 038
033 // → ↑NO more DISparate // 123
034 // ↘ than ANy other MOdular ↓COURSE // 174
035 // ? ...i THINK it was er... // 416
036 // ? it was a FAIRly EARly // 200
037 // ↘ aTTEMPT at a MOdular COURSE // 154
038 // → AND // 240
039 // ↗ we were ↑ALways enCOUraged // 240
040 // ↘↗ to SEE the SYNthesis // 240
041 // ↘ beTWEEN the different Elements // 179

042 // ↘ and it ↑WASn't always easy to DO that // 371
043 // → but CERtainly THAT was a // 325
044 // ↘ a big PART // 244
045 // ? ...of... // 293
046 // ↗ of the enJOYment of the COURSE was // 214
047 // ↗ was WORking OUT // 237
048 // ↘ what the SYNthesis was // 233
049 // ? ...between the DIFFerent ef... // 296
050 // ↘↗ ELements of WHAT you were DOing and // 328
051 // ↘ and THAT was the WAY to do WELL on the course // 454
052 // ? ...was... // 203
053 // → was to LOOK // 179
054 // ? ...for the... // 221
055 // ↘ for the conNECtions // 180
Richard:
056 // ↘ YES // 046
057 // → SO // 087
058 // ↘ WHICH ↑COllege were you at // 261
Rachel:
059 // ↘ saint CATHerine's // 130
Richard:
060 // ↘ RIGHT // 047
061 // → AND // 130
062 // ↘ but you'd have STUdied in a FAculty as ↓WELL // 268
Rachel:
063 // ↘ ↓NO // 060
Richard:
064 // ↘ ↓NO // 097
Rachel:
065 // ↘ ↓NO // 131
Richard:
066 // ↘ i'm con↓FUSED // 120
067 // ? [chuckle] // 067
Rachel:
068 // → ERM // 059
069 // ↗ as ↑HUman SCIences is // 240
070 // ? ...is a SMALL... // 181
071 // ↘↗ it it's a VEry SMALL GROUP of STUdents // 248
072 // ↗ when I was THERE // 462
073 // → there were NO more than TWENty FIVE // 247
074 // ↘ Every YEAR // 135
075 // ↗ AND // 177
076 // ↘↗ EACH COllege // 200
077 // ↘↗ that HAD human scientists // 240
078 // ↘↗ had ONE TUtor // 189
079 // ? ...who... // 343
080 // ↘ who looked ↓AFter us // 216
081 // → AND // 068
082 // → we WERE // 166
083 // ↘ FARMED OUT // 127
084 // → TO // 123
085 // ? ...ALL the... // 307
086 // ↗ to OTHer dePARtments // 193
087 // ↗ to get the TEAching that we NEEded // 333
088 // → FARMED out to staTIStics // 194
089 // → to psyCHOlogy // 133
090 // → to biOlogy // 109
091 // ? ...wherEver the... // 100
092 // ↘↗ the TEAching was // 176
093 // ↘↗ was GOing on that we NEEded // 298
094 // ? ...WE were... // 197
095 // ↗ sent Over THERE // 153
096 // ↘↗ to get the TEAching that we NEEded // 345
097 // ? ...but WE were... // 434

098 // ↘↗ CO Ordinated by // 206
099 // ↘ by TUtors in our own COlleges // 246
Richard:
100 // ↘ RIGHT // 030
101 // ↘ DID you have a ↑HAppy time // 200
102 // ↘ at saint ↓CAT'S // 214
Rachel:
103 // ↘ ↑YES // 122
104 // ↘ ↑YES i ↑DID // 282
105 // ↘ YEAH // 199
106 // ↘ i REAlly enJOYED it // 240
107 // ↘ YES // 085
108 // ? ...i loo... // 482
109 // ↘ look BACK on it // 403
110 // → with ER // 215
111 // ↘ with GREAT PLEAsure // 180
112 // ? ↓YEAH // 078
Richard:
113 // ? ...what... // 221
114 // → did you do Anything // 332
115 // → aPART from // 192
116 // ↘ acaDEmic work // 120
117 // → at ↓OXford // 152
118 // → did YOU // 120
119 // ↗ join CHOIRS // 147
120 // → the DRAma soCIety // 204
121 // → ↓OR // 150
122 // → GO to the UNion // 343
123 // → ↓OR // 060
Rachel:
124 // → I // 030
125 // ↘ 'MNOT a GREAT JOIner // 083
126 // ↗ i HAVE to SAY // 313
127 // → i HAD a // 399
128 // ↘ a LIVEly social life // 145
129 // ↘ AND // 094
130 // ↘ a GREAT big group of ↓FRIENDS // 180
131 // → BUT // 090
132 // ↘ i'm NOT a great joiner // 222
133 // ↘↗ and MAINly // 182
134 // → i just DID my own ↓THING // 251
135 // → WHICH // 109
136 // → i REAlise NOW // 191
137 // → is ER // 261
138 // ↗ very HARD for students to get aWAY with // 266
139 // ↘ because they're all DEcorating their cee ↓VEES // 223
140 // ↘↗ but IN MY day // 283
141 // ? ...you didn't... // 331
142 // ↗ FEEL the PREssure // 244
143 // ↘ to DO that quite so MUCH // 290
Richard:
144 // ↘ ↓YES // 026
145 // → SO // 052
146 // → ERM // 060
147 // → ↑HOW // 051
148 // → the GAP beTWEEN // 093
149 // ↘↗ sort of being at OXford // 248
150 // ↘ and HERE // 120
151 // ? ...how have er... // 263
152 // ↘ how did you get to be HERE from THERE // 338
Rachel:
153 // → ERM // 041
154 // ↗↘ WELL // 045
155 // ↘↗ it's a ↑LONG STOry // 162

156 // → I // 128
157 // → SPENT // 077
158 // ↘↗ a WHILE in INdia // 240
159 // ↗ WORking for a GROUP // 329
160 // ↗ called the VOluntary HEALTH associAtion // 166
161 // → i had a ↑STRONG FEEling that i WANted // 215
162 // → to WORK // 215
163 // → ERM // 169
164 // ↘↗ in INternational AID // 132
165 // ↘↗ and i became RAther // 150
166 // ↘ disenCHANted with that // 170
167 // ↘↗ while i was in INdia // 300
168 // → SO i // 117
169 // ↘↗ i decided aGAINST that // 154
170 // ↗ i CAME back to the u K // 284
171 // → and I // 325
172 // ↘ WASn't sure // 222
173 // ↘ what to DO with mySELF // 299
174 // ↗ so i did VArious TEMping JOBS // 246
175 // ↘↗ in LONdon that // 291
176 // ↘ my FAvourite one // 252
177 // ↘ was working for the LONdon FIRE brigade // 230
178 // ↘ which i REALly enjoyed // 157
179 // ↘ i WASn't // 119
180 // ↘ Anything to do with the FIREfighting i hasten to add // 233
181 // ? ...but it was... // 307
182 // ↗ it was FUN nonetheLESS // 171
183 // ↗ ↑THEN // 067
184 // ? i ↑WENT to WORK for an OUTfit called // 260
185 // ? ....the ROyal INstitute of... // 240
186 // ↘ for PUblic adminisTRAtion // 118

Richard:
187 // ↘ HMM // 060

Rachel:
188 // → WHICH // 054
189 // ↘↗ you MAY have HEARD of // 330
190 // → WHO // 051
191 // ↗ DON'T exIST // 112
192 // ↘ in QUITE the same FORM anymore // 311
193 // ↘↗ but they ↑USED to run COURses // 280
194 // → IN // 181
195 // ↘ ALL the different aspects // 280
196 // ↗ of PUBlic adminisTRAtion // 159
197 // ↘↗ for PEOple from different PARTS of the WORLD // 270
198 // → WHO // 060
199 // ↘ NEED TRAIning in such areas // 232
200 // ? so they ↑TEND to CAter // 322
201 // → TO the // 179
202 // → PEOPle who COME from COUNtries // 228
203 // → where they've GOT erm // 425
204 // ? ...more or less BRItish style of... // 309
205 // ↗ PUblic adminisTRAtion // 079
206 // ↗ because not EVerywhere DOES // 149
207 // → AND // 047
208 // → i DID that FOR // 206
209 // ↘ aBOUT fifteen MONTHS // 108
210 // → AND // 184
211 // → ↑THAT WAS // 120
212 // ↘ CLOSE enough // 138
213 // ↘↗ to acaDEmic adminisTRAtion // 111
214 // → TO // 082
215 // → ERM // 093
216 // ? ...for ME to... // 252
217 // ↘ aPPLY for a JOB at the University of WARwick // 247

218 // ↘↗ where i was a reSEARCH adminisTRAtor // 180
219 // → for aBOUT // 088
220 // ↘ OOH // 241
221 // ↘ it was JUST over TWO YEARS // 222
222 // ↘↗ and ↑THAT was my FIRST PROper // 252
223 // ↘↗ acaDEmic adminisTRAtion job // 088
224 // → and THEN // 234
225 // → from THERE i CAME // 205
226 // ↗ to THIS uniVERsity // 123
227 // ↘ and i WORKED in comMIttee secreTAriat // 168
228 // ↗ for a YEAR // 307
229 // ↘↗ and I moved SIDEways // 197
230 // ↘ into the interNAtional office // 164

Chapter 8 – Terry

	speech units	topic	seconds
1	001-027	Banana farm	37
2	028-041	Problem with bananas	15
3	042-077	Japanese guy/Morning routine	38
4	078-124	Cutting down	47
5	125-143	Carrying bananas	28
6	144-156	Teaching	17

001 // → i HAD this FRIEND // 122
002 // ↘ who OWNED a FARM // 268
003 // ↘ on the COAST // 227
004 // ↗ up aLONG // 144
005 // → NEAR // 145
006 // → WHERE THE // 166
007 // ↘ what they call the MAta atLANtica // 316
008 // ↘ which is a NAtional PARK of // 237
009 // → oRIginal FOrest lands // 132
010 // ↗ on the COAST // 191
011 // ↘ and he had this FAbulous huge FARM // 239
012 // ↘ that he'd BOUGHT from a japanESE guy // 238
013 // ↘ LOTS of japaNESE in bra↓ZIL // 228
014 // → AND // 060
015 // ↘ it had a ↑HUGE // 218
016 // ↘ baNAna plantation // 096
017 // → SO // 056
018 // ↘ he ASKED me if i wanted to GO and run the ↑FARM // 328
019 // → so i MOVED into THIS em // 205
020 // ↘ MOUNtain HOUSE // 079
021 // ↘ up in the JUNgle // 253
022 // ↘↗ which had NO elecTRIcity // 124
023 // ↘ and NO running WAter // 240
024 // ↘ and we're suROUNded // 135
025 // → BY em // 241
026 // ↘ baNAnas // 079
027 // ? ...↓TREES... // 075
028 // ↘ and i RAN the ba↑NAna plantation // 179
029 // ↘ the ONly PROblem with em // 178
030 // ↘ baNAnas is the PRICE // 150
031 // ? ...i mean... // 120
032 // ↘ it's VEry hard to SELL bananas in brazil // 232
033 // ↘ because they ↓GROW like WEEDS // 206
034 // → SO EM // 053
035 // → ER // 060
036 // ? ...i was... // 338
037 // ↗ you KNOW // 347

```
038 // ↘↗ i was WORking // 258
039 // ↘ ↑I was WORking my // 227
040 // ↘ ↑ASS off // 197
041 // → i don't beLIEVE // 380
042 // ↘↗ because the the JApanese guy who'd OWNED the farm // 280
043 // ↘ beFORE then // 120
044 // ↘ he w he ↑SOLD the farm // 263
045 // ↘ to give the MOney to his ↓SON // 314
```
Richard:
```
046 // ↗ mHM // 140
```
Terry:
```
047 // ↘ who'd GONE to live in the CIty // 268
048 // ↘ now ↑HE'D LIVED in brazil // 262
049 // ↘↗ for FORty years // 237
050 // → I'D been in braZIL for about // 278
051 // ↘ FOUR years // 104
052 // ↘ and HE'D spent ↑ALL of his // 213
053 // ↘ LIFE // 189
054 // ↘↗ in the JUNgle // 282
055 // ↘ in braZIL // 210
056 // ↘↗ this japaNESE guy // 216
057 // ↘↗ since he CAME Over // 250
058 // ↘ at the age of FIFTEEN // 268
059 // → AN ER // 065
060 // ↘ he'd NEver had much CONtact with braZILians // 192
061 // ? ...so he he... // 497
062 // ↘ his PORtuguese was really BAD // 213
063 // ↘ it was WORSE than MINE // 300
064 // ↘ after FORty YEARS // 180
065 // → it was WORSE than my // 369
066 // ↘ FOUR years of // 239
067 // ↘↗ of ↓PORtuguese // 136
068 // ↘↗ but ↑EVery MORning // 272
069 // → HE'D come aLONG to // 240
070 // ↘ to the HOUSE // 263
071 // ↗ and WAKE me UP // 449
072 // ↘ at FIVE o'CLOCK // 180
073 // ↗ DRAG me out of BED // 227
074 // ↘ and TAKE me UP t t // 368
075 // ↘ CUT through ba↑NAnas // 166
076 // ? ...and... // 194
077 // ↗↘ for to CLEAN up around the baNAna trees // 263
078 // ↗ you KNOW // 152
079 // ↘↗ when you CUT down a baNAna tree // 321
080 // → have you Ever // 295
081 // ↗ WORKED with baNAnas // 199
```
Richard:
```
082 // ↘ NO // 377
```
Terry:
```
083 // → you KNOW // 312
084 // ? you know the way baNAnas GROW // 360
085 // ↘ big BUNches of // 145
086 // → of baNAnas grow on a HOOK // 271
087 // ↗ and the HOOK comes from OUT // 299
088 // ? ...SIDE from the... // 180
089 // ↘↗ ↑CENtre // 060
090 // ? ...of the... // 265
091 // → of THE // 270
092 // ↘ ACtual TRUNK // 120
093 // ↘ SO // 073
094 // → WHAT you DO is // 449
095 // ↘↗ you ↑CUT the HOOK // 198
096 // ↘↗ SO that you can HANG it over // 321
097 // ↘ your SHOULder // 339
```

```
098 // ➔ ERM // 143
099 // ↘ and THEN you have to CUT down the TREE // 347
100 // ? ...because... // 147
101 // ↘ tree's no USE anymore // 217
102 // ➔ you cut it DOWN and the ROOTS grow into aNOther tree // 282
103 // ↘ when you CUT it DOWN all these // 299
104 // ↘ HUGE giGANtic // 084
105 // ↘ disGUSting and // 120
106 // ↘ POIsonous SPIders // 099
107 // ↘ FALL all Over you // 214
108 // ↘ and BITE you and // 240
109 // ↗ you COME out in LUMPS // 248
110 // ↗ and you GET all SWOllen // 300
111 // ↘↗ and your FACE is like a FOOTball // 297
112 // ? ...but you you... // 422
113 // ↘ you deVELop immUNIty after a while // 226
114 // ➔ and THEN you // 180
115 // ↘ PUT this HOOK // 239
116 // ↘ of baNAnas on your ↓SHOULder // 224
117 // ➔ and WALKED // 139
118 // ↘↗ the TWO kiLOmeters // 180
119 // ↗ DOWN ↓HILL // 163
120 // ↘ ↓BACK to the FARMhouse // 167
121 // ➔ and like THIS // 172
122 // ↗↘ this HOOK of baNAnas // 222
123 // ↘ would WEIGH a ↑TON // 339
124 // ↗ you KNOW // 148
125 // ↘ and THERE i am in my PRIME i mean // 310
126 // ↗ in my TWENties early TWENties // 199
127 // ➔ and i PUT // 230
128 // ↘↗ a HOOK of baNAnas on ONE shoulder // 209
129 // ↘↗ and i put aNOther one on aNOther shoulder and // 297
130 // ↘ i'd be PRACtically falling over BACKwards // 163
131 // ↘↗ MEANwhile // 092
132 // ↘ this OLD japa↑NESE guy // 242
133 // ↘↗ who was SIXty years ↑OLD // 196
134 // ↘ would put ↑ONE hook of bananas // 292
135 // ↗ on one SHOULder // 208
136 // ↘↗ ↑ONE on aNOther shoulder // 137
137 // ↘ and TWO on his ↑HEAD // 271
138 // ↘ and and and WALKED down the MOUNtain // 225
139 // ↘ you know VEry STEAdily whereas // 214
140 // ↘↗ I'D FALL // 146
141 // ↘↗ so that by the time i'd GOT to the BOttom of the MOUNtain // 396
142 // ➔ the baNAnas would beCOME erm // 156
143 // ↘ sort of baNAna MUSH // 240
144 // ↘↗ ANyway // 038
145 // ➔ AFter ERM // 109
146 // ➔ aBOUT // 082
147 // ➔ what about a SIX // 240
148 // ↗ EIGHT months of THAT // 240
149 // ↘↗ the MONey from the baNAnas // 166
150 // ➔ was JUST PAYing // 214
151 // ↘↗ the GAsoline // 175
152 // ↘ to get to the MARket // 300
153 // ➔ SO // 034
154 // ↘ i HAD to start TEAching again // 274
155 // ↘ to SUBsidise the FARM // 162
156 // ↘ and THAT'S why i'm here to↓DAY // 158
```